Inhalt

Einleitung: Wo beginnt Bibelkritik?

Bibelkritik beginnt nicht erst da,
– wo die Jungfrauengeburt Jesu Christi geleugnet, umgedeutet oder relativiert wird;
– wo die Wunder Jesu Christi geleugnet, umgedeutet oder relativiert werden;
– wo die sühnende Wirkung des Todes Jesu Christi geleugnet, umgedeutet oder relativiert wird;
– wo die wirkliche, leibliche Auferstehung Jesu Christi von den Toten geleugnet, umgedeutet oder relativiert wird;
– wo die Himmelfahrt und Wiederkunft Jesu Christi in Macht und Herrlichkeit geleugnet, umgedeutet oder relativiert wird;
– wo bestritten wird, daß Jesus Christus Gottes Sohn ist.

Bibelkritik beginnt schon da,
– wo biblische Schriften gegen ihren Selbstanspruch in verschiedene „Quellen" aufgeteilt werden;
– wo ihre Entstehung in eine andere Zeit datiert wird, als es die biblischen Schriften selber bezeugen;
– wo ihre Entstehung anderen Verfassern zugeschrieben wird als denen, die in den jeweiligen Schriften genannt sind;
– wo behauptet wird, daß die von Jesus Christus in den Evangelien überlieferten Worte nicht alle von ihm stammen;
– wo die Erfüllung von Prophezeiungen in den biblischen Schriften in andere Zeiträume verlegt wird, als es an den betreffenden Stellen ausdrücklich vermerkt ist;

Dr. Heinrich Jochums
(Hrsg.)

Die Bibel ist Gottes Wort

Orientierung für die Gemeinde

Eingeleitet und neu herausgegeben
von Dr. Lothar Gassmann

Verlag für
Reformatorische Erneuerung
Wuppertal

Dr. Heinrich Jochums (Hrsg.)
Die Bibel ist Gottes Wort.
Orientierung für die Gemeinde
Eingeleitet und neu herausgegeben
von Dr. Lothar Gassmann

Herstellung: St. Johannis-Druckerei, Lahr
Satz: L. Gassmann
Erste Auflage 2000
ISBN-Nr. 3-87857-304-9

– wo behauptet wird, die Bibel sei in naturwissenschaftlicher, geographischer und historischer Hinsicht nicht irrtumslos.

Aus solcher angeblich *„gemäßigter"* Bibelkritik (Kritik an der Entstehung und Einheit der biblischen Schriften) folgt früher oder später die *„radikale"* Kritik (Kritik an den in der Bibel berichteten Inhalten), da die angeblich „gemäßigte" Kritik dazu beiträgt, die Autorität der Bibel insgesamt zu untergraben und den Glauben an die Inspiration der Bibel durch Gott zu zerstören.

Bibelkritik beruht nämlich darauf,
– daß man – gegen die Selbstaussage der Heiligen Schrift – den Offenbarungscharakter des Wortes Gottes leugnet;
– daß man – gegen die Selbstaussage der Heiligen Schrift – Gottes Wort zum Menschenwort degradiert, das mit denselben Methoden wie andere Menschenworte erforscht werden könne und müsse;
– daß man die atheistischen Voraussetzungen der historisch-kritischen Methode (Kritik, Analogie, Korrelation) an Gottes Wort heranträgt – mit den zwangsläufigen Folgen, z.B. Leugnung oder Relativierung göttlicher Inspiration, göttlicher Wunder und Prophetie.

Wehret den Anfängen! Diese Warnung ist *deshalb* nötig, weil die „gemäßigte" Kritik unter dem Mantel einer angeblichen „Wissenschaftlichkeit" (in Wirklichkeit: Uninformiertheit über die neuesten Forschungen) leider nach und nach auch in den evangelikalen Bereich eindringt, z.B. in einzelne Seminare, die einstmals „bibeltreu" (in Abwehr der oben beschriebenen Denkweisen) *waren* – ein endzeitlicher Vorgang![1]

Diese traurige Tatsache ist der Anlaß, Beiträge neu herauszubringen, die bereits in den 60er Jahren des 20. Jahrhunderts unter dem Titel *„Bekenntnis. Gottes Wort bleibt Gottes Wort"* von *Dr. Heinrich Jochums* (1904–1986), dem früheren Direktor der Evangelischen Gesellschaft für Deutschland, veröffentlicht worden sind.[2] Es war die Zeit des Bekenntniskampfes und der Auseinandersetzung insbesondere mit dem Entmythologisierungsprogramm Rudolf Bultmanns[3], woraufhin sich im März 1966 die Bekenntnisbewegung „Kein anderes Evangelium" konstituierte. In dieser Situation formulierte Heinrich

---

[1] Vgl. z.B. die Diskussion über die Kooperation der Seminare Chrischona, Tabor und Liebenzell (CTL) mit der englischen Universität Middlesex und den CTL-Studienführer 1999/2001 mit überwiegend bibelkritischem „Basislehrmaterial". Die CTL-Diskussion ist unter dem Titel: „Bibelkritik in Chrischona, Tabor und Liebenzell? Der Streit um CTL" ausführlich im Internet dokumentiert unter: http://home.t-online.de/home/logass/ctl-doku.htm

[2] Herausgegeben von Verlag und Schriftenmission der Evangelischen Gesellschaft für Deutschland, Wuppertal-Elberfeld; hier wiedergegeben nach der 2. erweiterten Auflage aus dem Jahr 1965.

[3] Zur wissenschaftlichen Auseinandersetzung mit Bultmann und der radikalen Kritik siehe meine Schrift: „Kritik der Bibelkritik. Bultmanns Einfluß und seine Widerlegung", Logos-Verlag, Lage 2000.

Jochums ein „Bekenntnis“, das von zahlreichen Persönlichkeiten aus dem Bereich der Landes- und Freikirchen unterzeichnet wurde. Ferner stellte er Aussagen der Reformatoren und Bekenntnisschriften sowie Beiträge verschiedener Brüder zur Bibelfrage zusammen, die ich für so grundlegend halte, daß ich sie nachfolgend wieder zum Abdruck bringe.

Dabei ist Folgendes besonders wichtig: In der Abwehr der radikalen Bibelkritik eines Rudolf Bultmann und seiner Schüler war und ist man sich auch heute im evangelikalen Bereich weitgehend einig. Aber bereits damals existierten im evangelikalen Raum Formen einer angeblich „gemäßigten“ Bibelkritik, die vielen als vergleichsweise „harmlos“ und „tolerierbar“ galt. Treffend schrieb dagegen der bekannte Prediger *Friedrich Heitmüller* (1888–1965) in seinem Aufsatz *„Warnung auch vor ´gemäßigter` Bibelkritik“* (s.u.) aus langer Lebenserfahrung kurze Zeit vor seinem Tod:

„Neben dem Haufen der ´radikalen` Bibelkritiker der *Bultmann-Schule*, die die Bibel wie ein Gebäude auf Abbruch behandeln, steht die lange und breite Front der ´gemäßigten` bibelkritischen Theologen und Pfarrer, die für die Gemeinde Jesu deshalb eine große Gefahr sind, weil sie durchweg die zentralen Wahrheiten der biblischen Botschaft, wie sie z.B. im Apostolischen Glaubensbekenntnis zusammengefaßt sind, bejahen und verkündigen. Aber es hilft alles nichts: auch sie untergraben und zerstören mit ihrer Bibelkritik das Vertrauen zu der vom Heiligen

Geist inspirierten Offenbarung Gottes, wie sie uns im Bibelwort überliefert ist."

Da sich diese Entwicklung weiter verschlimmert hat, gebe ich hiermit diese Beiträge unserer Glaubensväter neu heraus, die an Brisanz und Aktualität nichts verloren haben.

Angefügt ist eine im Jahr 2000 verfaßte, aufrüttelnde Stellungnahme von Prediger *Johannes Pflaum* mit dem Titel *„Die neue ´Evangelikale-Correctness`"*, welche die gegenwärtige Lage von einem umfassenden Aspekt her beleuchtet und manche heißen Eisen zur Sprache bringt. Die Leser mögen sich selbst über die von Pflaum genannten und sehr weitreichenden Beobachtungen ein Urteil bilden. Der Artikel gewinnt auch dadurch besondere Brisanz, daß es sich bei Johannes Pflaum um den Sohn von Pfarrer Dr. Lienhard Pflaum handelt, der lange Zeit Direktor und Seminarleiter der Liebenzeller Mission sowie 2. Vorsitzender des Evangelischen Gnadauer Gemeinschaftsverbandes war und bekanntlich dessen Meinung teilt. Ich stelle den Artikel hiermit zur Diskussion.

Am Ende des Buches findet sich schließlich als zweiter Anhang die *„Chicago-Erklärung zur biblischen Irrtumslosigkeit"* aus dem Jahre 1978, die grundlegende Bedeutung für die Bibelfrage besitzt. Dem deutschsprachigen Mitglied des Internationalen Rates für Biblische Irrtumslosigkeit und Herausgeber der ersten deutschen Fassung, Herrn *Prof. Dr. Samuel Külling*, Rektor der Staatsunabhängigen Theologischen Hochschule Basel, danke ich für die Abdruckgenehmigung.[4]

Ich schließe mit dem Wunsch, daß dieses Buch mit dazu beitragen möge, das Vertrauen zu Gottes Wort – und damit auch zu Gott selber! – zu stärken, zu vertiefen oder auch ganz neu zu erwecken.

Pforzheim, im Sommer 2000

Dr. Lothar Gassmann

---

[4] Die Chicago-Erklärung wird in der in Bibel und Gemeinde Nr. 1/1979, S. 6 ff., vorliegenden deutschen Version abgedruckt. Aus Platzgründen mußten Einleitung und Kommentar weggelassen werden. Eine ausführliche deutsche Fassung aller drei Chicago-Erklärungen mit Kommentaren findet sich in: „**Bibeltreue in der Offensive. Die drei Chicago-Erklärungen zur biblischen Irrtumslosigkeit, Hermeneutik und Anwendung**", herausgegeben von Thomas Schirrmacher, Verlag für Kultur und Wissenschaft, Bonn 1993.

Bekenntnis

Erstens:
Jesus Christus, gestern und heute und derselbe auch in Ewigkeit (Hebr. 13, 8).

Wir bekennen: Jesus Christus, der ewige, eingeborene Sohn des ewigen Vaters, wahrhaftiger Gott vom wahrhaftigen Gott, geboren von der Jungfrau Maria, Mensch geworden wie wir, jedoch ohne Sünde, mächtig in Zeichen und Wundern, gekreuzigt, gestorben und begraben, auferstanden von den Toten, aufgefahren gen Himmel, thronend und regierend mit Seinem Vater in Herrlichkeit, wiederkommend zur Rettung für die an Ihn Glaubenden und zur Verdammnis für die, die Ihn abgelehnt haben. Das glauben und bekennen wir.

Wir verwerfen die falsche Lehre, als dürften die volle, wahre Gottheit Jesu, Seine Sündlosigkeit und Irrtumslosigkeit, Seine Wunder, Seine leibliche Auferstehung, Seine Himmelfahrt und Seine Wiederkunft infrage gestellt werden.

Zweitens:
Ihr sollt nicht wähnen, daß ich gekommen bin, das Gesetz oder die Propheten aufzulösen; ich bin nicht gekommen, aufzulösen, sondern zu erfüllen. Denn ich sage euch wahrlich: Bis daß Himmel und Erde vergehe, wird nicht vergehen der kleinste Buchsta-

be noch ein Tüpfelchen vom Gesetz, bis daß es alles geschehe (Matt. 5, 17. 18).

Und das sollt ihr vor allem wissen, daß keine Weissagung in der Schrift eine Sache eigener Auslegung ist. Denn es ist noch nie eine Weissagung aus menschlichem Willen hervorgebracht; sondern von dem Heiligen Geist getrieben haben Menschen im Namen Gottes geredet (2. Petr. 1, 20. 21).

Wir bekennen: Jesus Christus ist das eine Wort Gottes, das wir zu hören, dem wir im Leben und im Sterben zu vertrauen und zu gehorchen haben. Jesus Christus, das eine Wort Gottes, wird uns in der Heiligen Schrift unmißverständlich, irrtumsfrei, keines weiteren Beweises bedürftig und absolut verbindlich bezeugt. Wie der in das Fleisch gekommene Sohn Gottes Gottes unerklärliches Wunder und Geheimnis ist und bleibt, ist und bleibt die Heilige Schrift Alten und Neuen Testaments Gottes unerklärliches Wunder und Geheimnis, das Wunder und Geheimnis des Heiligen Geistes. Wie der in das Fleisch gekommene Sohn Gottes trotz seiner Menschwerdung sündlos und irrtumsfrei bleibt, bleiben die von Menschen, in menschlicher Sprache und menschlicher Denkweise geschriebenen Heiligen Schriften, zwar nicht in ihren Abschriften und Übersetzungen, aber in ihrem ursprünglichen, unter der Leitung des Heiligen Geistes verfaßten Text irrtumslos und fehlerfrei. Davon fällt kein einziges Wort, ja, nach dem Ausspruch unseres Herrn auch nicht der kleinste Buchstabe noch ein Strichlein eines Buchstabens. Als das in jeder Beziehung vom ersten bis zum letzten Wort irrtumsfreie Zeugnis von Jesus Christus ist die Heilige Schrift selbst Gottes irrtumsfreies Wort. Gottes Wort ist und bleibt Gottes Wort. Das glauben und bekennen wir.

Wir verwerfen die falsche Lehre,
– als sei die Bibel ein Buch wie jedes andere Buch oder allenfalls lediglich ein menschliches Zeugnis vom Reden Gottes,
– als sei die Bibel deshalb ebenso wie andere Bücher menschlichem Irren und Fehlen unterworfen,
– als dürfe die Bibel wie jedes andere Buch nach menschlichen Maßstäben, nach menschlicher Vernunft und Einsicht, nach menschlichen Begriffen und Erkenntniskategorien untersucht, beurteilt und kritisiert werden,
– als könne und dürfe auch nur die Möglichkeit eines Irrtums oder Fehlers vorausgesetzt werden.

Drittens:

Gott hat den, der von keiner Sünde wußte, für uns zur Sünde gemacht, auf daß wir würden in ihm die Gerechtigkeit, die vor Gott gilt (2. Kor. 5, 21).

Wisset, daß ihr nicht mit vergänglichem Silber oder Gold erlöst seid von eurem eitlen Wandel nach väterlicher Weise, sondern mit dem teuren Blut Christi als eines unschuldigen und unbefleckten Lammes (1. Petr. 1, 18. 19).

Wir bekennen: Jesus Christus hat durch Sein Sühnopfer am Kreuz Sein Werk vollbracht, das Heil der Welt erworben, für alle unsere Sünde mit Seinem teuren Blut vollkommen bezahlt und uns aus aller Gewalt des Teufels erlöst.

Wir verwerfen die falsche Lehre,
– als gebe es abgesehen von dem Sühnopfer Jesu Christi am Kreuz irgendein Heil in dieser Welt und in aller Ewigkeit,
– als könne das Heilsgeschehen auch ohne den Opfertod Jesu Christi am Kreuz in der Verkündigung sich vollziehen,
– als bedeute der Glaube an das Kreuz Christi lediglich, das Kreuz Christi als eigenes Kreuz zu übernehmen und sich mit Christus kreuzigen zu lassen.

Viertens:
Tut Buße, denn das Himmelreich ist nahe herbeigekommen! (Matth. 3, 2; 4, 17).

Glaube an den Herrn Jesus, so wirst du und dein Haus selig! (Apg. 16, 31).

Setzet eure Hoffnung ganz auf die Gnade, die euch dargeboten wird in der Offenbarung Jesu Christi (1. Petr. 1, 13).

Wahrlich, wahrlich, ich sage dir: Es sei denn, daß jemand von neuem geboren werde, so kann er das Reich Gottes nicht sehen (Joh. 3, 3).

Wir bekennen: Jesus Christus wird des Menschen Retter nur dort, wo der Ruf zur Buße und zur

Bekehrung, zum Glauben und zum Annehmen der angebotenen Gnade gehört und befolgt und so der Mensch durch Gottes Heiligen Geist von neuem geboren wird. Ohne persönliche Buße und persönliche Bekehrung, ohne persönlichen Glauben und persönliches Annehmen der Gnade, ohne persönliche Wiedergeburt geht der Mensch trotz des Sühnopfers Jesu Christi am Kreuz verloren.

Wir verwerfen die falsche Lehre,
– als seien alle Menschen von vornherein in Christus erwählt und errettet und deshalb Brüder und Schwestern,
– als seien alle Menschen in Christus mit Gott versöhnt und würden deshalb alle Menschen errettet,
– als sei die Taufe bereits die Wiedergeburt und seien deshalb alle Getauften die eine wahre Kirche Jesu Christi und damit Brüder und Schwestern,
– als gehe es bei der Erlösung des Menschen lediglich um Verstehen und Erkennen und sei ein neues Selbstverständnis bereits rettender Glaube,
– als gehe es bei Buße und Bekehrung, bei Glaube und Annehmen der Gnade nicht mehr um Errettetwerden oder ewig Verlorengehen,
– als sei der Glaube eine Angelegenheit des Verstandes oder ein Denkprinzip,
– als sei die Gnade billige Ware für jedermann und brauche der Mensch Gott, Gericht und Hölle nicht mehr zu fürchten.

Fünftens:
Gehet hin in alle Welt und prediget das Evangelium aller Kreatur. Wer da glaubet und getauft wird, der

wird selig werden; wer aber nicht glaubet, der wird verdammt werden (Mark. 16, 15. 16).

Wir predigen euch das Evangelium, daß ihr euch bekehren sollt von diesen falschen Göttern zu dem lebendigen Gott (Apg. 14, 15).

Ziehet nicht am fremden Joch mit den Ungläubigen. Denn was hat die Gerechtigkeit zu schaffen mit der Ungerechtigkeit? Was hat das Licht für Gemeinschaft mit der Finsternis? Wie stimmt Christus mit Belial? Oder was für ein Teil hat der Gläubige mit dem Ungläubigen? (2. Kor. 6, 14. 15).

Wir bekennen: Jesus Christus hat den durch Ihn Erretteten den Auftrag gegeben, die frohe Botschaft von Ihm weiterzutragen in alle Welt, alle Menschen zur Buße und zur Bekehrung, zum Glauben und zum Annehmen der Gnade zu rufen und einzuladen und damit vor den ganzen Ernst einer letzten Entscheidung zu stellen zwischen Gott und den Götzen der Welt, zwischen Jesus Christus und dem Satan und seinem antichristlichen Heer, zwischen Himmel und Hölle, zwischen ewigem Errettetsein und ewigem Verlorensein. Das glauben und bekennen wir.

Wir verwerfen die falsche Lehre,
– als bestehe der Auftrag der durch Jesus Christus Erretteten und aus den gottlosen Bindungen dieser Welt Befreiten darin, überall dabei zu sein und überall mitzumachen und so aufs neue sich an diese Welt zu binden und zu verlieren,

– als sei es ihr Auftrag, ein kulturelles, soziales oder politisches Evangelium zu verkündigen und so den entscheidenden Einfluß des Evangeliums auf Kultur, Gesellschaft und Politik preiszugeben,

– als sei es ihr Auftrag, sich jedermann und den jeweiligen Weltanschauungen und Ideologien der Zeit anzupassen und so das Evangelium zu verraten,

– als sei es ihr Auftrag, zwischen allen Konfessionen und Kirchen und schließlich auch höher entwickelten Religionen auszugleichen, unter Verzicht auf das klare Wort Gottes einen Bund aller Kirchen und schließlich eine Einheitskirche anzustreben und so die Unterscheidung zwischen wahrer und falscher Kirche, zwischen Gemeinde Jesu und Babel, zwischen Christus und Antichristus zu leugnen und die Wahrheit zu verfälschen.

Zeugnisse der Reformatoren

Da laß auftreten alle Lehre, laß hertragen alle Bücher und sehen, ob sie soviel vermögen, daß sie eine Seele trösten mögen in der allergeringsten Anfechtung. Es ist ja nicht möglich, eine Seele zu trösten, sie höre denn ihres Gottes Wort. Wo ist aber Gottes Wort in allen Büchern außer der Schrift? Martin Luther

Darum halten wir billig unsere liebe heilige Bibel für einen sehr teuren und hohen Schatz. Martin Luther

Welche die Heilige Schrift nicht haben, die leben in Irrtum, Blindheit und gottlosem Wesen ohne alle Maße und Ende. Martin Luther

An einem Buchstaben, ja an einem einzigen Tüttel der Schrift ist mehr und größer gelegen denn an Himmel und Erde. Martin Luther

Also müssen wir auch lehren, daß wir nicht einen Buchstaben vom Evangelium abbrechen lassen, sondern sagen: Es muß alles rein gelehrt, geglaubt und gehalten sein. Martin Luther

Christus spricht: Wer ein Prediger ist und das geringste Stück aufhebt oder fahren läßt, der soll wissen, daß er nicht mein Prediger ist, sondern verdammt und verstoßen sein soll aus dem Himmelreich. Martin Luther

Gottes Wort macht den Gang gewiß und sicher. Aber Menschenlehre ist ein schlüpfriger Weg, da muß man gleiten und straucheln, bis man Hals und Bein bricht. Martin Luther

Wer einen einzigen Spruch aus dem Evangelium auf die Goldwaage legen könnte und ersehen, wie großer Reichtum darin uns geschenkt wird, der würde dagegen alle Königreiche auf Erden halten für lauter Dreck. Martin Luther

Die Heiligen haben in ihrem Schreiben irren und in ihrem Leben sündigen können. Die Schrift kann nicht irren. Martin Luther

Es soll in der Christenheit keine andere Lehre gepredigt noch gehört werden denn das reine lautere Gotteswort; oder sollen beide, Prediger und Zuhörer, mit ihrer Lehre verflucht und verdammt sein. Martin Luther

Den Vers aber „das Wort unseres Gottes bleibt ewiglich" sollen und müssen sie unausgewischt und unausgelöscht lassen und des keinen Dank haben. Sie sollen auch darüber zu Boden gehen, des will ich ihnen ein Prophet sein. Denn der ist zu hoch und gewaltig, des Wort sie lästern und verdammen. Er sitzt zur Rechten Gottes; sollen sie ihn herabstürzen, da mögen sie zusehen. M. Luther

Gottes Wort ist ein Blümlein, das heißt: Je länger je lieber. Martin Luther

Gottes Wort allein ist der rechte beständige Fels, da man gewiß drauf fußen kann. Martin Luther

Unter allen Gaben ist die Gabe göttlichen Wortes die allerherrlichste, welche so jemand wegnimmt, der nimmt die Sonne aus der Welt. Denn was ist die Welt ohne das Wort denn die Hölle selbst und ein lauter Regiment des Satans. Martin Luther

Gottes Wort ist Gottes Wort. Wer Gott in einem Wort Lügen straft und lästert, der lästert den ganzen Gott. Martin Luther

Keinem Ding ist der Teufel so feind als dem lieben Wort. Und das darum: er kann sich unter allen Kreaturen verbergen; allein das Wort das deckt ihn auf, daß er sich nicht verbergen kann, und zeigt jedermann, wie schwarz er ist. Martin Luther

Daß der Satan also das Wort haßt, das rührt nicht aus einem Fehler des Wortes her, sondern von der unendlichen Bosheit dieses bösen Geistes. Luther

Wenn einer das Wort fahren läßt und sich mit seinen Gedanken herumschlägt und streitet, so ist es um ihn geschehn. Martin Luther

Die Apostel sind nach sicherer Bestimmung Gottes uns als unfehlbare Lehrer gesandt. Luther

Die Kirchenväter verwerfe ich nicht, aber sie haben, wie alle Menschen, zuweilen geirrt. Darum glaube ich ihnen nur, soweit sie ihre Lehre aus der Schrift beweisen können, die noch nie geirrt hat. Luther

O daß Gott wollte, daß mein und aller Lehrer Auslegungen untergingen und ein jeglicher Christ selbst die bloße Schrift und lauter Gotteswort vor sich nehme – es ist ein unendlich Wort und will mit stillem Geist gefasset sein. Martin Luther

Ich will für mich nur Gottes Wort haben und frage nach keinem Wunderzeichen, begehre auch keines Gesichtes, will auch nicht einem Engel glauben, der mich anders lehret denn Gottes Wort. Ich glaube allein Gottes Wort und Werken, denn Gottes Wort ist von Anfang der Welt gewiß gewesen und hat niemals gefehlt, und ich erfahre es in der Tat, daß es also gehet, wie Gottes Wort saget. M. Luther

Sowohl der Papst, sowie das allgemeine Konzil kann ... irren. Irrtumslos ist allein, wie schon der heilige Augustin sagt: die Heilige Schrift. M. Luther

Ihr, unsre Nachkommen, betet mit Ernst und treibet Gottes Wort fleißig! Erhaltet das arme Windlicht Gottes! Seid gewappnet und gerüstet als die alle Stunden gewarten müssen, wo euch der Teufel etwa eine Scheibe oder Fenster ausstoße, Tür und Dach aufreiße, das Licht auszulöschen! Darum seid nüchtern und wachet! Martin Luther

Ich gestehe allerdings, daß es viele Stellen in der Bibel gibt, die dunkel und verborgen sind; aber daran ist nicht die Majestät der Sache schuld, sondern unsre Unkenntnis der Wortbedeutung und der Grammatik. Aber das hindert die Erkenntnis aller Dinge in der Schrift nicht. Kann denn ein erhabeneres Geheimnis in der Schrift noch verborgen sein, nachdem die Siegel gebrochen sind und der Stein von des Grabes Tür gewälzt und das tiefste Geheimnis am Tag ist, nämlich, daß Christus für uns gelitten hat und ewiglich regiert? ... Das also, was die Schrift enthält, ist am Tage, mögen auch jetzt noch einzelne Stellen dunkel sein, weil die Wortbedeutung nicht geklärt ist ... Daß aber vielen vieles verborgen bleibt, daran ist nicht die Dunkelheit der Schrift schuld, sondern die Blindheit oder Trägheit derjenigen, die nicht danach trachten, daß sie die so helle Wahrheit sehen möchten ... Wo sie aber dunkel ist, da gilt's: Mit Gottes Wort ist nicht zu spaßen; kannst du es nicht verstehen, so nimm den Hut davor ab.

Martin Luther

Das Gras verdorrt, die Blume verwelkt; aber das Wort unseres Gottes bleibt ewiglich. Das ist ein tröstlicher Spruch, den man an alle Wände schreiben sollte. Das Wort des Herrn wird allein bleiben; was über und außer dem Worte Gottes ist, das wird wie eine Blume auf dem Felde vergehen. Hier mache dir ein Register von allen Werken, welche im Papsttum ohne das Wort Gottes geschehen. Die Mönchsorden, die Messe, die Kutte, die Genugtuung, die Wallfahrten, der Ablaß usw. sind nicht Gottes Wort; folglich werden sie vergehen. Das Wort aber Gottes und alle, die dem Worte glauben, werden bleiben in Ewigkeit.

Luther

Wir dürfen nicht wähnen, daß durch Christi Ankunft das Gesetz irgendwie abgetan wäre: denn da es die ewige Regel eines frommen und heiligen Wandels ist, muß es auch unveränderlich sein, gleichwie die in ihm zusammengefaßte Gerechtigkeit Gottes einzig und unveränderlich ist. Johannes Calvin

Nach Christi Willen dürfen in der erneuerten Gemeinde nur solche als Lehrer zugelassen werden, die treue Ausleger des Gesetzes sind und seine Lehre lauter und fleißig bewahren. J. Calvin

Kein anderes Buch als die Heilige Schrift lehrt uns Christum recht erkennen. Johannes Calvin

Propheten haben nicht aus ihrem Verstand heraus geredet, sondern als Organe des Heiligen Geistes nur das verkündigt, was ihnen vom Himmel her aufgetragen wurde. Johannes Calvin

Wer von der Schrift Nutzen haben will, muß vor allen Dingen festhalten, daß er es in Gesetz und Propheten nicht mit einer durch Menschenmeinung überlieferten, sondern mit einer vom Heiligen Geist diktierten Lehre zu tun hat. Johannes Calvin

Für die Herrlichkeit Gottes, die sich allenthalben in der Schrift zeigt, öffnen sich die Augen eines Menschen erst, wenn sie vom Heiligen Geist erleuchtet sind. Johannes Calvin

Das ist das erste, daß wir der Schrift dieselbe Verehrung entgegenbringen wie Gott, weil sie von

Gott allein hergeflossen ist und keine menschliche Beimischung an sich trägt. Johannes Calvin

Gottlose Entweihung der Schrift ist es aber, wenn wir voll Anmaßung mit unserem Scharfsinn herankommen, sie zu verstehen. Denn sie birgt Gottes Geheimnisse in sich, die unserem Fleische verborgen sind, und tiefe Lebensschätze, die das Maß unseres Verständnisses weit überragen. Das Licht, das in derselben leuchtet, scheint eben nur den Demütigen. Johannes Calvin

Das ist der Anfang rechter Einsicht, wenn man den Glauben, den man Gott schuldet, auch seinen heiligen Propheten entgegenbringt. Sie folgten gehorsam der Führung des Geistes, der in ihrem Munde wie in seinem Heiligtum regierte. J. Calvin

Es kommt niemand auch nur zum geringsten Verständnis rechter und heilsamer Lehre, wenn er nicht zuvor ein Schüler der Schrift wird. J. Calvin

Weichen wir vom Worte ab, so mögen wir immerhin mit äußerster Schnelligkeit vorwärtsstreben, wir werden aber nie zum Ziel gelangen, weil wir eben auf einem Abweg sind. Johannes Calvin

Die Schrift ist Gottes eigenes Wort. J. Calvin

Es hat Gott gefallen, allein in der Schrift seine Wahrheit zu stetem Gedächtnis zu erhalten. Calvin

Die Bibel kann nur dann den Gläubigen gegenüber volle Autorität erlangen, wenn sie gewiß wissen, daß sie vom Himmel herab zu ihnen kommt, als ob Gottes eigene Stimme hier lebendig vernommen würde.

Johannes Calvin

Die Schrift ist Gottes ewige und unverletzliche Wahrheit.

Johannes Calvin

Dabei also soll es bleiben: wer innerlich vom Heiligen Geiste gelehrt ist, der verharrt fest bei der Schrift, und diese trägt ihre Beglaubigung in sich selbst; daher ist es nicht angebracht, sie einer Beweisführung und Vernunftgründen zu unterwerfen. Die Gewißheit aber, die sie uns gewinnt, die erlangen wir durch das Zeugnis des Geistes. Gewiß verschafft sich die Schrift ganz von selbst durch ihre eigene Majestät Ehrfurcht, aber sie ergreift uns erst dann recht und ernstlich, wenn sie durch den Geist in unserem Herzen versiegelt ist. Daß die Schrift von Gott kommt, das glauben wir, weil die Kraft des Geistes uns erleuchtet, nicht aber auf Grund des eigenen Urteils oder desjenigen anderer Leute. Es ist ja gerade, als ob wir Gottes eigene Majestät hier erschauten; und deshalb ist unsere Gewißheit unerschütterlich fest, stärker, als sie uns menschliches Urteil verleihen könnte. So halten wir dafür, daß die Schrift zwar durch den Dienst von Menschen, aber tatsächlich doch aus Gottes eigenem Munde zu uns kommt.

Johannes Calvin

Das ist der Trost, der uns übrig ist, wenn wir unsere Nichtigkeit und Armut, die Flüchtigkeit und Vergänglichkeit aller Fleischesherrlichkeit erkannt haben: ewig das Wort des Herrn, ewig das Leben, das es in uns stiftet. Johannes Calvin

Sein Wort bietet er dar, von dem wir auch nicht um eines Fingers Breite abweichen dürfen. Sonst verlieren wir uns in dem wunderlichsten Labyrinth, aus dem wir auf keine Weise einen Ausweg finden.
Johannes Calvin

Die Worte Jesu Christi sind wahr, untrüglich, weshalb wir fest auf sie bauen können.
Huldreich Zwingli

So sehen wir also, daß die Natur eher ihren Lauf verläßt, als daß das Wort Gottes nicht erfüllt werde und bestehen bleibe. Huldreich Zwingli

Christi Wort kann nicht täuschen. Huldreich Zwingli

Die Heilige Schrift heißt theopneustos – d. h. von Gott inspiriert. Huldreich Zwingli

Zeugnisse aus den Bekenntnisschriften

Hier unternehme sich keiner zu streiten mit Sophisterei oder Menschentand, sondern komme, die Schrift für einen Richter zu haben, damit man die Wahrheit findet oder, so sie gefunden ist, wie ich hoffe, behalte. Zwinglis Thesen von 1523

Die heilige christliche Kirche, deren einiges Haupt Christus ist, ist aus dem Wort Gottes geboren, in demselben bleibt sie und hört nicht die Stimme eines Fremden. Die Berner Thesen von 1528

Wir haben denen, die bei uns predigten, befohlen, nichts denn was in göttlicher Schrift begriffen oder daraus seinen Grund hat, dem Volk von den Kanzeln vorzutragen.
Bekenntnis der vier Städte Straßburg, Konstanz, Memmingen, Lindau von 1530

Wenn eines bußfertigen, durstigen Herzens Gebet geschehen, so soll das Buch aufgetan und verlesen werden, als Gottes Wort, wie es wahrlich ist, und nicht als Menschen Wort.
Berner Bekenntnis von 1532

Zuletzt wollen wir dies unser Bekenntnis dem Urteil göttlicher Biblischer Schrift unterworfen und uns dabei erboten haben, ob wir aus angeführten Heiligen Schriften etwas Besseres berichtet, daß wir jederzeit Gott und seinem heiligen Wort mit großer Dankbarkeit gehorsam sein wollen.

Baseler Bekenntnis von 1534

Er hat uns sein heiliges Wort hinterlassen, das uns gewissermaßen eine Tür zu seinem himmlischen Reich ist. Woher nimmst du dieses Wort? Aus der Heiligen Schrift. Wie sollen wir es mit Nutzen gebrauchen? Wir müssen es mit reinem und gutem Gewissen als vom Himmel kommende Wahrheit aufnehmen, uns ihm in rechtem Gehorsam unterwerfen, es wahrhaft und völlig lieben, es unsern Herzen einprägen, um ihm zu folgen und uns nach ihm zu richten.

Genfer Katechismus von 1542

Von der heiligen Biblischen Schrift glauben und lehren wir also: Die heilige Biblische Schrift, die da ist die wahrhaftige, unfehlbare Offenbarung des ewigen Wortes Gottes, von dem Heiligen Geist eingegeben und durch die heiligen Propheten und auserwählten Apostel der Welt vorgetragen und beschrieben, ist die allerälteste, vollkommenste und höchste Lehre, begreift und lehrt vollkommen alles das, das zu heilbarer Gotteserkenntnis, zu wahrem Glauben, fester Hoffnung und ungefärbter Liebe, dazu zu rechter Ehre Gottes, auch zu rechter christlicher Frömmigkeit, zu Anrichtung und Vollstreckung eines ehrbaren gottgefälligen und seligen Lebens dient. Und weil sie Gottes Wort ist, hat sie für sich selbst und in ihr selbst Autorität, Ansehen, Glauben, Festigkeit, Wahrheit, Achtung und Vollkommenheit genug, also daß sie nicht erst muß von der Kirche oder den Menschen autorisiert oder glaubwürdig gemacht oder von und durch Menschensatzungen ersetzt und vervollkommnet werden.Züricher Bekenntnis

Wir wissen wohl, daß wir Menschen uns nach der Schrift richten sollen, und die Schrift nicht nach uns.

Züricher Bekenntnis von 1545

Gott offenbart sich durch sein Wort, das, anfangs kundgemacht durch Weissagung, alsbald danach schriftlich verfaßt ward in den Büchern, die wir die Heilige Schrift nennen. Diese ganze Heilige Schrift ist enthalten in den kanonischen Büchern des Alten und des Neuen Testaments.

Hugenottisches Glaubensbekenntnis von 1559

Wir erkennen diese Bücher als kanonisch (allein maßgeblich) an und als allergewisseste Richtschnur unsers Glaubens: nicht so sehr das durch die allgemeine Übereinkunft und Übereinstimmung der Kirche, als durch das Zeugnis und die inwendige Überzeugung des Heiligen Geistes, der sie uns von den andern kirchlichen Büchern unterscheiden läßt, auf die man, wenn sie schon nützlich sind, keinen Glaubensartikel gründen kann.

Hugenottisches Glaubensbekenntnis von 1559

Wir glauben, daß das in diesen Büchern enthaltene Wort von Gott ausgegangen ist, von dem allein es seine Vollmacht (Autorität) empfängt, und nicht von Menschen. Es ist den Menschen nicht erlaubt, ja nicht einmal den Engeln, etwas dazuzutun, abzutrennen oder zu verändern. Daraus folgt, daß weder

Alter noch Brauchtum, weder Zahl noch Menschenweisheit, weder Gerichtsurteile noch Bestimmungen noch Erlässe noch Gebote, weder Konzilien noch Erscheinungen noch Wunderzeichen dieser Heiligen Schrift entgegengehalten werden dürfen; sondern daß im Gegenteil alle Dinge nach ihr geprüft, ausgerichtet und zugerichtet werden müssen.

Hugenottisches Glaubensbekenntnis von 1559

Die Kirche, die wir als die wahre Kirche Gottes glauben und bekennen, hat als erstes Kennzeichen die lautere Predigt des göttlichen Wortes, durch das Gott selbst sich uns geoffenbart hat, wie die Schriften der Propheten und Apostel es uns künden.

Schottisches Bekenntnis von 1560

Gleichwie wir glauben und bekennen, daß die Menschen aus den göttlichen Schriften die Erkenntnis Gottes reichlich empfangen, so erklären und bezeugen wir, daß die Autorität der Schrift nicht abhängt von einem Menschen oder Engel, sondern allein von Gott. Wer darum der Schrift nur so weit Autorität zugestehen will, als die Kirche ihr zubilligt, von dem sagen wir heute und immer wieder, daß er Gott lästert und die wahre Kirche schmäht. Denn diese hört die Stimme ihres Bräutigams und Hirten und gehorcht ihm und maßt sich nichts an, das den Anschein erwecken könnte, als wäre sie seine Herrin.

Schottisches Bekenntnis von 1560

Wir bekennen: Dies Wort Gottes ist nicht von Menschenwillen aufgebracht noch überliefert worden, sondern die heiligen Männer Gottes haben geredet, getrieben vom göttlichen Geist, wie Petrus sagt (2. Petr. 1, 21). Hernach jedoch hat Gott in seiner sonderlichen Sorge, die er hat um unser Heil, seinen Knechten, den Propheten und Aposteln, den Befehl gegeben, jene seine Wahrsprüche schriftlich aufzuzeichnen. Ja, er selber hat die beiden Tafeln des Gesetzes mit eigenem Finger ausgefurcht (2. Mose 31, 18). Und eben darum nennen wir die Schriften dieser Art die heilige, göttliche Schrift.

Niederländisches Bekenntnis von 1561

Diese Bücher hier alleine nehmen wir an als heilig und kanonisch, um daran als an der rechten Richtschnur unsern Glauben zu prüfen, auf daß er darauf als dem rechten Grunde sich aufbaue und festige. Und alles, was darin beschlossen ist, das glauben wir sonder allen Zweifel, und zwar nicht so sehr, weil es die Kirche als das annimmt und bestätigt, als vor allen Dingen, weil der Heilige Geist in unsern Herzen davon Zeugnis gibt, daß sie von Gott ausgegangen sind und seine Bestätigung in sich selber tragen, da gar die Blinden selber bei bloßer Berührung sozusagen schon entdecken können, daß alles, was darin geweissagt ist, sich auch erfüllt.

Niederländisches Bekenntnis von 1561

Wir glauben, daß diese Heilige Schrift den Willen Gottes vollkommen enthält, und daß alles, was die Menschen um des Heiles willen glauben müssen, voll ausreichend darin gelehrt ist. Denn da sich dort die ganze Art und Weise des Gottesdienstes, wie Gott ihn von uns fordert, auf das ausführlichste beschrieben findet, ist es keinem Menschen, selbst den Aposteln nicht, erlaubt, anders irgendwie zu lehren, als wir des längsten schon in der Heiligen Schrift gelehrt sind, ja selbst gar, wenn es ein Engel vom Himmel wäre, wie der Apostel Paulus sagt (Gal. 1, 8). Denn ist es schon verboten, dem Worte Gottes irgend etwas hinzuzutun oder abzutun, so zeigt das eben zur Genüge, daß seine Lehre ganz vollkommen und auf jede Weise abgeschlossen ist. Doch lassen sich auch mit diesen göttlichen Schriften keinerlei von Menschen vergleichen, und wären diese noch so heilig, noch irgendwelche Gewohnheit mit der Wahrheit Gottes (die Wahrheit geht ja allem anderen voran!), auch nicht die große Zahl noch auch das Alter noch die Folge (successio) der Zeiten und Personen noch die Konzilien, Dekrete und Verordnungen. Denn alle Menschen sind Lügner an sich selber (Ps. 116, 11; Röm. 3, 4) und eitler gar noch als die Eitelkeit höchstselbst. Deswegen verwerfen wir von ganzem Herzen, was mit dieser allergewissesten Regel nicht übereinstimmt, so wie wir das gelehrt sind von den Aposteln, wenn sie sagen: „Prüfet die Geister, ob sie aus Gott sind!“ (1. Joh. 4, 1). Desgleichen: „Wenn einer zu euch kommt und bringt nicht diese Lehre, den nehmt nicht auf in euer Haus!“ (2. Joh. 10). Niederländisches Bekenntnis von 1561

Was ist wahrer Glaube? Es ist nicht allein eine gewisse Erkenntnis, dadurch ich alles für wahr halte, was uns Gott in seinem Wort hat geoffenbart, sondern auch ein herzliches Vertrauen, welches der Heilige Geist durchs Evangelium in mir wirkt, daß nicht allein andern, sondern auch mir Vergebung der Sünden, ewige Gerechtigkeit und Seligkeit von Gott geschenkt sei, aus lauter Gnaden, allein um des Verdienstes Christi willen.

Heidelberger Katechismus von 1563

Wir glauben und bekennen, daß die kanonischen Schriften der heiligen Propheten und Apostel beider Testamente das eine wahre Wort Gottes sind und daß sie unabhängig von Menschen genügend Autorität in sich selbst besitzen. Gott selbst nämlich hat zu den Vätern, Propheten und Aposteln geredet und redet auch jetzt noch zu uns durch die Heilige Schrift. Und in dieser Heiligen Schrift hat die gesamte Kirche Christi eine vollkommene Darlegung dessen, was immer zum heilsamen Glauben wie zum gottwohlgefälligen Leben zu wissen nötig ist. Darum hat Gott deutlich befohlen, nichts hinzuzufügen und nichts davonzutun (5. Mose 4, 2) ... Die Schrift ist Gottes Wort. Auch hat der Herr selbst im Evangelium gesagt: „Ihr seid es nicht, die da reden, sondern eures Vaters Geist ist es, der durch euch redet“ (Matth. 10, 20). Darum: „Wer euch höret, der höret mich; und wer euch verachtet, der verachtet mich“ (Luk. 10, 16; Joh. 13, 20).

Das zweite Helvetische Bekenntnis von 1566

Wir verwerfen deshalb alle Irrlehren ..., die geleugnet haben, daß die Schriften vom Heiligen Geist hervorgebracht seien, oder die gewisse Schriften nicht anerkannt oder mit Einschüben versehen oder verderbt haben.

Das zweite Helvetische Bekenntnis von 1566

Wir erkennen in Glaubenssachen keinen andern Richter als Gott selbst an, der durch die Heilige Schrift verkündigt, was wahr sei und was falsch, was zu befolgen sei und was zu meiden.

Das zweite Helvetische Bekenntnis von 1566

Die Heilige Schrift enthält alle Dinge, die notwendig zur Rettung sind. 39 Artikel von 1571

Das Alte Testament steht nicht im Gegensatz zum Neuen; denn sowohl im Alten wie im Neuen Testament wird ewiges Leben der Menschheit durch Christus angeboten, der der einzige Mittler zwischen Gott und Mensch ist. 39 Artikel von 1571

Es ist der Kirche nicht gestattet, irgend etwas zu bestimmen, das gegen Gottes geschriebenes Wort ist, noch darf sie eine Schriftstelle so auslegen, daß sie im Widerspruch zu einer anderen steht.

39 Artikel von 1571

Wir glauben, lehren und bekennen, daß die einige Regel und Richtschnur, nach welcher zugleich alle Lehren und Lehrer gerichtet und geurteilet werden sollen, sind allein die prophetischen und apostolischen Schriften Alten und Neuen Testaments, wie geschrieben stehet: Dein Wort ist meines Fußes Leuchte und ein Licht auf meinem Wege (Ps. 119). Und St. Paulus: Wenn ein Engel vom Himmel käme und predigte anders, der soll verflucht sein (Gal. 1).

Konkordienformel von 1577

Wir verwerfen die falsche Lehre von der Unvollkommenheit des geschriebenen Wortes.

Schottisches Bekenntnis von 1581

Wir bekennen uns mit Mund und Herzen zu der einen und wahrhaftigen Lehre, die in der Propheten und Apostel Schriften verfaßt ist und lassen dieselbe die einzige Richtschnur sein, darnach alle Lehren zu jeder Zeit beurteilt und denen aller Menschen Schrift und Bekenntnis unterworfen sein und bleiben müsse.

Bremer Bekenntnis von 1595

Wir glauben von Herzen und bekennen mit dem Munde vor Gott im Himmel und seiner heiligen Kirche auf Erden, daß die Heilige Schrift von Gott eingegeben, sei die einzige, gewisse, unfehlbare Richtschnur, Fundament und Regel alles dessen, das wir in unserem Christentum glauben und tun sollen, also daß all dasjenige, das mit dieser Regel übereinkommt, recht und gut, was aber derselben entgegenläuft, falsch und böse sei.

Kasseler Bekenntnis von 1607

Anfänglich und fürs erste bekennen sich Seine kurfürstlichen Gnaden von Herzen zu dem wahren, unfehlbaren und allein seligmachenden Wort Gottes, wie dasselbe in den Schriften der heiligen Propheten und Apostel in der heiligen Bibel verfaßt, welches aller Frommen einzige Richtschnur ist und sein soll, welches vollkommen und genugsam ist zur Seligkeit, auch allen Religionsstreit zu unterscheiden, und bleibet ewiglich.

Bekenntnis Sigismund's von 1614

Unter dem Namen „Heilige Schrift oder das geschriebene Wort Gottes“ sind alle Bücher des Alten und Neuen Testaments zusammengefaßt, welche lauten ... (die biblischen Bücher werden einzeln aufgezählt). Diese alle sind durch die Inspiration (Eingebung) Gottes gegeben, daß sie die Richtschnur des Glaubens und Lebens seien.

Westminster-Konfession von 1647

Die Autorität der Heiligen Schrift, um derenwillen ihr geglaubt und gehorcht werden muß, hängt nicht von dem Zeugnis irgend eines Menschen oder irgend einer Kirche ab, sondern allein von Gott, der die Wahrheit selbst ist, dem Urheber der Heiligen Schrift; und deshalb muß sie angenommen werden, weil sie das Wort Gottes ist.

Westminster-Konfession von 1647

Unsere volle Überzeugung und Gewißheit der unfehlbaren Wahrheit und der göttlichen Autorität der Heiligen Schrift kommt von dem inwendigen Werk des Heiligen Geistes, der durch und mit dem Wort in unseren Herzen Zeugnis gibt.

Westminster-Konfession von 1647

Wir anerkennen die Notwendigkeit der inneren Erleuchtung durch den Geist Gottes für das rettende Verständnis der Dinge, die in dem Wort geoffenbart werden.

Westminster-Konfession von 1647

Das Alte Testament in Hebräisch (das die angeborene Sprache des alten Volkes Gottes war) und das Neue Testament in Griechisch (das z. Zt. seiner

Niederschrift unter den Nationen ganz allgemein bekannt war) sind unmittelbar durch Gott inspiriert (eingegeben) und deshalb verbindlich.

Westminster-Konfession von 1647

Die unfehlbare Richtschnur der Auslegung der Schrift ist die Schrift selbst. Deshalb muß, wenn der wahre und volle Sinn einer Schriftstelle infrage steht, dieser durch andere Schriftstellen, die deutlicher reden, erforscht und erkannt werden; denn die Schrift enthält keine Verschiedenheiten, sondern ist eins.

Westminster-Konfession von 1647

Der höchste Richter, durch den alle Gegensätze der Religion entschieden und alle Beschlüsse der Konzilien, Meinungen der alten Schriftsteller, Lehren der Menschen und die einzelnen Geister geprüft werden müssen und auf dessen Urteilsspruch wir uns gründen sollen, kann kein anderer sein als der Heilige Geist, der in der Schrift redet.

Westminster-Konfession von 1647

Was ist das Wort Gottes? Die Heiligen Schritten des Alten und Neuen Testaments sind das Wort Gottes, die einzige Richtschnur des Glaubens und Gehorsams ... Wie tritt es in Erscheinung, daß die Schriften das Wort Gottes sind? Die Schriften bestätigen sich selbst als das Wort Gottes durch ihre Majestät und Reinheit; durch die Übereinstimmung aller ihrer Teile und das Ziel des Ganzen, alle Ehre Gott zu geben; durch ihr Licht und ihre Macht, Sünder zu überzeugen und zu bekehren, Glaubende zu trösten und zur Rettung aufzuerbauen: Aber der Geist

Gottes, der durch und mit den Schriften im Herzen des Menschen Zeugnis gibt, ist allein in der Lage, voll zu überzeugen, daß sie das wirkliche Wort Gottes sind. Westminster-Katechismus von 1648

Die heiligen Schriften, das ist das geschriebene Wort Gottes, das Buch, das gewöhnlich die Bibel genannt wird, bestehen aus allen Büchern des Alten und Neuen Testaments. Alle diese Schriften, nämlich die Bücher des Alten und Neuen Testaments sind das Wort Gottes. Von ihm kamen sie; sie wurden gesprochen durch heilige Männer Gottes; sie enthalten eine volle, hinreichende und vollkommene Offenbarung des Geistes und Willens Gottes betreffs aller Dinge, die für unsere Rettung bekannt sein müssen, und sie sind die einzige unfehlbare Richtschnur für Glauben und Gehorsam.

Bekenntnis der Calvinistischen Methodisten von 1823

Wir glauben, daß die Heilige Schrift in allen ihren Teilen ganz von Gott inspiriert ist und daß sie die einzige unfehlbare Regel des Glaubens ist.

Bekenntnis der Genfer Freikirche von 1848.

Wir glauben, daß die ganze Schrift Alten und Neuen Testaments von Gott inspiriert ist und so die einzige und unfehlbare Regel des Glaubens und Lebens konstituiert.

Bekenntnis der franz. freien Gemeinden von 1849

Die heiligen Schriften umfassen alle Bücher des Alten und Neuen Testaments, die wir als kanonisch empfangen haben und die durch Inspiration Gottes gegeben sind als Richtschnur des Glaubens und Handelns. ... Die Autorität der heiligen Schriften hängt nicht vom Zeugnis irgend eines Menschen oder irgend einer Kirche, sondern allein von Gott ab.
Bekenntnis der ref. Kirche Cumberlands von 1883

Jesus Christus, wie er uns in der Heiligen Schrift bezeugt wird, ist das eine Wort Gottes, das wir zu hören, dem wir im Leben und im Sterben zu vertrauen und zu gehorchen haben. Wir verwerfen die falsche Lehre, als könne und müsse die Kirche als Quelle ihrer Verkündigung außer und neben diesem einen Worte Gottes auch noch andere Ereignisse und Mächte, Gestalten und Wahrheiten als Gottes Offenbarung anerkennen.

Barmer Bekenntnis von 1934

Hermann Friedrich Kohlbrügge

Was ist die Heilige Schrift?

Gottes Wort ganz und gar von dem ersten Verse des ersten Buches Moses bis zu dem letzten Verse der Offenbarung Johannes.

(Fragen und Antworten zu dem Heidelberger Katechismus)

Glaubst Du denn, daß Gottes Wort Gottes Wort ist?

Als solches erweist es sich. (Die Lehre des Heils)

Was ist mir die Bibel?

Die Bibel ist ein eigentümliches Buch: sie ist dem einen nichts; sie ist dem anderen alles.

Es soll jetzt nicht meine Aufgabe sein, mit Ihnen über die Bibel zu diskutieren. Dazu ist mir die Bibel viel zu groß, als daß ich das überhaupt könnte. Die Bibel steht so unendlich hoch über mir, aber sicher auch ebenso hoch über Ihnen, daß es uns, Ihnen und mir, zum mindesten recht komisch anstehen würde, wenn wir versuchen würden, ein Urteil über sie abzugeben oder gar sie zu kritisieren.

Ich will und kann Ihnen lediglich etwas davon berichten, was mir die Bibel ist, wobei ich von Herzen hoffe, daß sie auch Ihnen etwas bedeutet und vielleicht eines Tages sogar *alles* ist.

Um Ihnen gleich das Entscheidende zu sagen: *Die Bibel ist mir das Buch, in dem ich Jesus, den Sohn des lebendigen Gottes, gefunden habe.* Ob Sie das verstehen können? – Nein, das kann man nicht verstehen. Das verstehe ich selbst nicht. Davon weiß ich lediglich, weil es sich so in meinem Leben ereignet hat.

Von Kind auf habe ich die Bibel gelesen. Ich habe sie auch mit Ehrfurcht gelesen. Aber sie blieb für mich zunächst ein verschlossenes Buch, gewiß ein interessantes Buch, ein vielseitiges Buch wie kaum ein anderes, ein kluges Buch, ein ernstes Buch, ein vielsagendes Buch – aber bei allem ein totes Buch.

Aber dieses Buch fing auf einmal an zu reden – ganz anders als andere Bücher, die mich natürlich auch „ansprachen“. Das Bibelbuch wurde in eigentümlicher Weise lebendig. Buchstäblich: es redete! – Nein, „es“ redete nicht; aber in der Bibel und durch die Bibel redete Er, der lebendige Gott. Er redete in dem Buch immer deutlicher, immer ernster und immer vernehmlicher zu mir, bis – ja, bis ich Ihn selbst eines Tages in seinem Wort fand, Gott selber in seinem Sohn Jesus Christus. Das war das größte Ereignis in meinem Leben, größer und gewaltiger als irgend etwas anderes. Es hat mich umgeworfen. Es hat mich zu Boden geschleudert. Es hat mich wieder aufgerichtet. Es hat meinem Leben die entscheidende Wende gegeben. Es ist schon lange her; aber ich weiß heute noch genau den Tag, an dem das passierte.

Sie werden begreifen: seitdem ist mir die Bibel das liebste Buch, das wertvollste Buch, das köstlichste Buch – ach, viel, viel mehr: seitdem ist mir die Bibel alles.

Natürlich habe ich auch viele andere Bücher gelesen, sehr viele. Jahrelang habe ich mich z. B. mit Immanuel Kant, dem sicher größten deutschen Philosophen, beschäftigt. Welche Fülle tiefer, feiner, großer und scharfer Gedanken etwa in seiner „Kritik der reinen Vernunft“! Welch ein Reichtum an Erkenntnis, Wissen und Geist bei den großen

Denkern und Dichtern der Weltliteratur! Es gibt viele, gute und wertvolle Bücher!

Aber die Bibel ist mir mehr, unendlich mehr. Sie ist mir das Wort Gottes, das Wort, in dem ich Halt für mein Leben fand, den festen Grund, auf dem ich mich gründen konnte, in dem Jesus, der Sohn Gottes, der ans Kreuz geschlagene und auferstandene, lebendige Herr selbst mir begegnete.

Indem die Bibel mir Jesus gab, gab sie mir in Ihm Vergebung der Schuld meines Lebens. In der Bibel hörte ich die Stimme Jesu: „Deine Sünden sind dir vergeben". Eine große Gabe, die mir täglich neu in der Bibel durch Jesus bestätigt wird.

Indem die Bibel mir Jesus gab, gab sie mir mit Ihm und in Ihm Frieden mit Gott, wahren, echten Frieden, den ich in der Welt vergebens gesucht habe. Eine köstliche Gabe, die ich mir in aller Unruhe und Friedlosigkeit der Erde beim Lesen der Bibel immer wieder neu versiegeln lassen darf.

Indem die Bibel mir Jesus gab, gab sie mir Freude, ungeahnte Freude, Freude, die es in dieser tiefen Reinheit und Größe nirgends sonst in aller Welt gibt, die mich begleitet auf den Höhen des Glücks, aber auch in dunklen und schweren Stunden, die mir niemand und nichts auf der Erde rauben kann und die einst übergeht in die „unaussprechliche und herrliche Freude" des Reiches Gottes.

Indem die Bibel mir Jesus gab, gab sie mir Gemeinschaft mit Gott, dem Vater und dem Sohn, durch den Heiligen Geist. Was das bedeutet, kann kein Mensch beschreiben. In der Gemeinschaft mit dem Vater und dem Sohn bin ich niemals einsam, stehe ich in ständiger lebendiger Zwiesprache, habe ich Umgang mit der höchsten Majestät.

Indem die Bibel mir Jesus gab, gab sie mir in Ihm und mit Ihm die höchste Weisheit, die Weisheit, die alle Erkenntnis dieser Erde unendlich übersteigt, vor der alle Klugheit der Menschen als Torheit entlarvt wird.

Indem die Bibel mir Jesus gab, gab sie mir in Ihm und mit Ihm höchste, letzte und stärkste Kraft, die Kraft dessen, der zuletzt allein stark ist.

Indem die Bibel mir Jesus gab, gab sie mir Gewißheit, Gewißheit meiner ewigen Errettung, meines ewigen Heils, Gewißheit der ewigen Begegnung mit Jesus in seinem ewigen wunderbaren Reich, eine Gewißheit, die mir in der ersten Begegnung mit Jesus ein für allemal geschenkt worden ist und die mir täglich in der täglichen, neuen Begegnung mit Jesus in seinem Wort neu bestätigt wird.

Indem die Bibel mir Jesus gab, gab sie mir alles, alles, alles.

Deshalb habe ich auch zur Bibel ein grenzenloses Vertrauen. Sie ist und bleibt für mich das untrügliche, irrtumslose und unfehlbare Wort Gottes. Weil mein Herr Jesus mich nicht betrügt, betrügt mich auch sein Wort nicht, in dem ich Ihn fand und in dem Er täglich zu mir redet. Weil mein Herr Jesus sich nicht irrt, irrt sich auch sein Wort nicht, das zwar in der Gestalt von Menschenworten zu uns kommt, aber sein eigenes Wort ist und bleibt. Weil mein Herr Jesus nicht fehlt, ist auch sein Wort unfehlbar.

So habe ich an der Bibel Halt in meinem ganzen Leben – gewiß auch in meinem letzten Stündlein. Ja, in der Ewigkeit werde ich noch meinem Herrn Jesus danken, daß Er mir dieses Buch geschenkt hat und daß Er in diesem Buch sich mir selbst geschenkt hat – einmal urgewaltig und dann jeden Tag neu. Ob nicht auch Sie die Bibel lesen und in ihr sich Jesus selbst und mit Ihm die volle, herrliche Gewißheit des Heils schenken lassen wollen?

Heinrich Jochums

Desto fester!

„Und wir haben desto fester das prophetische Wort, und ihr tut wohl, daß ihr darauf achtet als auf ein Licht, das da scheint an einem dunkeln Ort, bis der Tag anbreche und der Morgenstern aufgehe in euren Herzen. Und das sollt ihr vor allem wissen, daß keine Weissagung in der Schrift eine Sache eigener Auslegung ist. Denn es ist noch nie eine Weissagung aus menschlichem Willen hervorgebracht; sondern von dem Heiligen Geist getrieben haben Menschen im Namen Gottes geredet.“
(2. Petr. 1, 19–21)

„Wir haben desto fester das prophetische Wort“. Haben wir es wirklich fest? Gewiß suchte man immer wieder, dieses Wortes habhaft zu werden, sich seiner zu bemächtigen, um sich gleichzeitig aber seinem Anspruch zu entziehen, ja – um es zu vernichten. Unsere Generation ist Zeuge zweier großer Versuche, sich des „prophetischen Wortes“ des Alten Bundes zu bemächtigen: einerseits waren es (1933 und in den weiteren Jahren des Dritten Reiches) die Deutschen Christen, die des Alten Testamentes habhaft zu werden suchten (man brauche kein von Juden verfaßtes Machwerk); andererseits ist es seit 1945 der unter Führung des Marburger Theologen Bultmann vorstoßende Neu-Liberalismus, für den die Bibel keine Offenbarungsmächtigkeit als objektiv gültiges Wort Gottes besitzt und in ihren „prophetischen“ Aussagen nur Niederschläge menschlicher Meinungen wiedergibt (daß damit seitens des Neu-Liberalismus auch Jesus nicht als Gottessohn bekannt werden kann, versteht sich von selbst). Das sind zwei Versuche, sich des „prophetischen Wortes“ zu bemächtigen, um sich seinem Anspruch zu entziehen, wobei das Unterfangen des Neu-Liberalismus wegen seiner Wichtigkeit als besonders verführerisch anzusehen ist.

Aber auch unser Textzusammenhang spricht von Irrlehren, die als verhängnisvoll abzulehnen sind. Und gerade deshalb betont der apostolische Verfasser: „Wir haben desto fester das prophetische Wort“. Unter prophetischem Wort ist – kurz gesagt – das gesamte Alte Testament zu verstehen; denn auch die Mose-Bücher wie die sonstigen Schriften des Alten Bundes gelten deshalb als gültiges Gotteswort und dem Kanon zugehörig, weil die prophetische Verfasserschaft als gesichert gilt. Prophetischer Geist im Alten Bunde (wie der apostolische Geist im Neuen Bunde) ist Ausdruck für Heiligen Geist, für Gottes Geist, ja (vgl. 1. Petr. 1, 11) Christi Geist.

Es handelt sich bei der Bibel gerade nicht um Niederschlag nur menschlichen Geistes. Daher betont 2. Petr. 1, 21: „Es ist noch nie eine Weissagung aus menschlichem Willen hervorgebracht; sondern die heiligen Menschen Gottes haben geredet, getrieben von dem Heiligen Geist“. Um diese göttliche Objektivität handelt es sich bei dem „prophetischen Wort“ Alten Testaments.

Haben wir als Christen dies prophetische Wort wirklich noch fest, daß es uns persönlich gültig und unverrückbar ist, „daß ihr darauf achtet als auf ein Licht, das da scheint an einem dunkeln Ort“ (Vers 19)? Der Verfasser bezeichnet die vom Sündenfall verderbte Erde als „dunklen Ort“. Wie erst recht trifft diese Bezeichnung für unsere Gegenwart zu! Es ist mithin deutlich, daß das Wort Gottes in die Wirklichkeit der antichristlichen Finsternis hineingegeben Ist. Es soll als Licht in der Finsternis leuchten. Gewiß will dabei satanische Finsternis auch den Zeugen des lichtbringenden Gotteswortes zum Erliegen bringen, und wäre es auf dem Wege, daß der Teufel selbst die Gestalt eines Lichtengels annimmt. So wird die Finsternis auch immer wieder versuchen (unterstützt durch den gewiß notvollen Umstand, daß bei der Weitergabe der biblischen Urkunden durch Abschreibungen hier und da auch Fehler unterlaufen sind), unseren Glauben an die Bibel lächerlich zu machen. Haben wir da noch das prophetische Wort fest? Es genügt uns nicht, „auf dem Boden“ der Bibel zu stehen; wir stehen unter dem Worte. Da die menschliche Vernunft, auch bei Gläubigen, verderbt ist durch die Erbsünde, ist es uns zwar nicht möglich, den gültigen Offenbarungscharakter der Bibel dem Widersacher zu beweisen. Aus gleichem Grunde ist es aber auch einer bestimmten „theologischen Wissenschaftlichkeit“ nicht möglich, in der ihr eigenen antichristlichen Zerstörungsfreudigkeit die Bibel ihres Offenbarungscharakters zu entkleiden. Hier scheiden sich vielmehr die Geister. Nur dem Wiedergeborenen wird der Offenbarungscharakter der Bibel deutlich werden (aber selbst für ihn werden auf dieser Erde wohl Stellen bleiben, die ihm noch nicht ganz klar sind). Der Glaube freut sich der Bibel, über den göttlichen Charakter der Bibel wird eben kein Diskutieren zum Ziel führen: wer in dem gekreuzigten und auferstandenen Gottessohn seinen Erlöser und Herrn fand, wird auch das Alte Testament freudig als Gottes Wort erkennen und bekennen. Und dem Aufrichtigen läßt es der Herr gelingen.

Das prophetische Wort – das Gotteswort! Nicht werde ich vergessen, welche Freude es mir bedeutete, als ich 1942 durch Vermittlung im Konzentrationslager Dachau eine Bibel erhielt. Es war die erste, die das Lagertor passierte. Nun durfte ich (verständlicherweise reichte ich sie auch anderen) nach Rückkehr von der Arbeit in der Baracke oder, wo sich sonst Platz fand, in dem Gedränge das Wort Gottes zu mir sprechen lassen. Wo in einem Konzentrationslager der hochmütige, entgottete Mensch seine Triumphe feierte, redete die Bibel in diese grausige, von Qual und Vernichtung gezeichnete Welt hinein ihr gültiges Wort: „Und Gott sprach“. So ward es licht an einem dunklen Ort.

Haben wir das prophetische Wort fest? Wir haben es desto fester, je mehr wir uns täglich festhalten lassen von dem, der unser Erlöser und Herr sein will. So dürfen wir freudig bekennen, – desto freudiger.

Horst Thurmann

Die Bibel – Richtschnur unseres Lebens

Das Grundübel unserer Zeit – die letzte und tiefste Ursache der über uns hereingebrochenen Katastrophe – ist die in allen Schichten herrschend gewordene Ehrfurchtslosigkeit gegenüber Gott und der Offenbarung Gottes, die Respektlosigkeit vor der Bibel als dem untrüglichen Worte Gottes. Seit die „Philosophie (Weltweisheit) und die eitle Täuschung, die sich auf die Grundsätze der Welt gründet und mit Christus nichts zu tun hat“ (Kol 2,8) begonnen hat, an der Bibel herumzunörgeln und sie in Wort Gottes und Wort der Menschen zu zerschneiden, ist es längst dahin gekommen, die Bibel für ein profanes (gewöhnliches) Buch zu erklären, das wie jedes andere Buch auf seine Glaubwürdigkeit hin von Menschen zu untersuchen und zu beurteilen ist. Die unausbleibliche Folge davon ist, daß man in vielen Schichten und Kreisen die Bibel als das untrügliche Wort Gottes verwirft und als Richtschnur für das Leben ablehnt. Die Bibel soll nicht mehr rechtsverbindlich sein für den neuzeitlichen Menschen; ihre Gebote und Verbote sollen lebensfeindlich und wirklichkeitsfremd und den Bedürfnissen des neuzeitlichen Menschen nicht mehr angepaßt sein.

Von diesem Stimmengewirr im Kampf gegen die Bibel sind wir alle umgeben. Ob wir wollen oder nicht: die kritischen, geringschätzigen und oft genug spöttisch-lästernden Worte über und gegen die

Bibel dringen an unser Ohr und versuchen, sich in unserm Herzen festzusetzen. Und wir stehen vor der Tatsache, daß viele junge – und leider auch alte! – unbefestigte Christen dem Gedanken erlegen sind, es müßte doch etwas daran sein, wenn so viele berühmte und hochgestellte Männer, nicht zuletzt auch so viele Professoren und Doktoren der Theologie, den göttlichen Offenbarungscharakter der Bibel, ihre Echtheit und Irrtumslosigkeit anzweifeln und verwerfen. Deshalb ist es für uns Christen, die wir zur Bibel als dem zuverlässigen, untrüglichen Worte Gottes stehen, ein dringendes Gebot der Stunde, die Herrlichkeit, die Größe und Kraft der Bibel zu bezeugen, um angefochtenen Christen zu helfen, daß sie eine feste und freudige Stellung zur ganzen Bibel gewinnen. Gleichzeitig ist es unser Auftrag, den Menschen, die der Bibel noch fernstehen, den Weg zu ihr zu zeigen.

Friedrich Heitmüller

Die Bibel in meinem Leben

Wenn ich ein kurzes Wort schreiben darf über das, was mir persönlich die Bibel ist, so kann ich dies nur tun gebeugt und dankerfüllt ob des Wunderwirkens des Heiligen Geistes.

Meine Studienzeit stand stark unter dem Einfluß des Liberalismus. Die Bibel war mir ein Religionsbuch neben anderen, eine Sammlung von Menschengedanken über Gott. Mein persönliches Leben lebte ich ohne die Bibel. Das änderte sich radikal, als ich als junger Pfarrer von dem Herrn Jesus und seinem Worte ergriffen wurde. Durch das Wort des Lebens zu der Erkenntnis der Sünde und der Verdammnis gekommen, erfuhr ich in diesen Gerichtstiefen die erlösende Kraft des Heilandes. In diesem Wunder der Neugeburt wurde mir auch eine ganz neue Stellung zur Bibel geschenkt. Der Zweifel an dem übernatürlichen Zustandekommen der Bibel war dahin. Derselbe Heilige Geist, welcher mich über mich selbst und über den Herrn Jesus erleuchtet hatte, erschloß mir das Geheimnis der Schrift als der wunderbar lichten Welt der Enthüllung und der Offenbarung Gottes.

Die Stellung zur Bibel ist eine Glaubensstellung. So viel göttliches Licht einer empfängt, so viel versteht er und liebt er die Bibel. Dem wissenschaftlichen, natürlichen Menschen, dem philosophischen Denken bleibt die Schrift verschlossen.

Mit dem Wachsen in der Erkenntnis des Wortes Gottes wurde mir ein Dreifaches der Bibel besonders groß.

Erstens: Jesus Christus ist die Mitte der Bibel. Er ist der Kern der Schrift. Er ist der Schlüssel der Schrift. Er ist das A und das O des Lebens. Welch eine Botschaft: durch Jesu Kreuzesopfer ist uns das verlorene Paradies eines Lebens in der unmittelbaren Nähe und Gegenwart Gottes erschlossen. In der Kraft seiner Auferstehung werden wir einst nach Geist, Seele und Leib Ihm gleichgestaltet sein.

Zweitens: Die Bibel gibt den Glaubenden die große Generalschau von dem Heilsplan Gottes mit der Menschheit und der ganzen Schöpfung: Herausbildung und Vollendung Seiner Leibesgemeinde, Wiederannahme des Volkes Israel, das Königreich des Sohnes Gottes auf Erden, das große Endgericht und Weltenverklärung und Vollendung im Schaffen der neuen Himmel-Erde. Welch ein befreiender Bibeldurchblick im Dunkel der Letztzeit!

Drittens: Um mit den Seinen zum Ziel zu kommen, gab Er ihnen sein Wort, das Gewissen wach zu machen, zu erleuchten, zu mahnen, zu strafen, durchzurichten, zu erquicken, zu trösten, mit den Kräften der himmlischen Welt zu beschenken.

Welch ein Großes, auch als Seelsorger es immer wieder neu zu erfahren: Das Bibelbuch ist die große Gotteshilfe in abgrundtiefer Not. Ist es nicht ganz natürlich: Wo einem das Wort Gottes Träger des

Heiligen Geistes wurde, steht einem die ausschließliche Göttlichkeit der Schrift fest wie ein Fels. Da schweigt jede Kritik, da steht man jeder Aussage der Schrift, auch der, die man noch nicht verstehen kann, in ehrfürchtiger Ergriffenheit gegenüber. Da möchte man bis zur Martyriumstreue in absolutem Gehorsam gebunden sein an das Bibelwort durch das Gebieterische: „Es steht geschrieben“.

Gotthold Lesser

Es geht um die Bibel

Niemals werde ich es vergessen, wie einmal ein kaltblütiger, seinem grausamen Handwerk fanatisch ergebener Gestapobeamter durch eine harmlose Bemerkung, die ich machte, völlig die Fassung verlor. Das war ja sonst bei diesen Menschen nicht üblich, die ständig mit dem Leben anderer spielten und dabei in dem überlegenen Stolz derer handelten, die es in der Hand haben, den Angeklagten in jeder Weise zu demütigen, ihn einzusperren, zu töten, zu vernichten oder auch wieder laufen zu lassen. Jede Begegnung mit diesen Menschen, jede Vorladung, jedes Verhör sind auch heute über 20 Jahre nach jenen Begebenheiten für mich immer noch Ereignisse, an die ich mich nicht gern erinnere.

Ich war wie so oft wieder einmal wegen einer Predigt angezeigt worden. Sonntag für Sonntag waren ja außer dem Polizeibeamten, der offiziell den Gottesdienst zu überwachen hatte, niemals aber für mich nachteilige Meldungen machte, sondern umgekehrt mich stets nur in Schutz nahm, Parteispitzel in der Kirche.

Ich begab mich also wie so manches Mal vorher auf Befehl der Gestapo zur Polizeistation. Ich hatte ein gutes Gewissen. Eigentlich politische Predigten hielt ich nicht. Ich pflegte der Gemeinde lediglich Gottes Wort zu verkündigen, indem ich gewöhnlich in fortlaufender Textbetrachtung ganze biblische Bücher auslegte. So erklärte ich denn im Verhör etwas naiv und harmlos: „Ich habe ja nur gesagt, was in der Bibel steht.“ Bei dieser Bemerkung wurde der ruhige, überlegene, kaltblütige Gestapobeamte wild. Er sprang von seinem Stuhl auf, fing an zu toben und schlug mit der Faust auf den Tisch, indem er brüllte: „Das ist’s ja gerade! Dies verfluchte Buch ist an allem schuld“. Offensichtlich hatte der Gestapobeamte begriffen: es geht um die Bibel! Auch mir war es deutlich: es geht um die Bibel!

Ein anderes Erlebnis: wieder bin ich bei der Gestapo zu Besuch. Schon beim Betreten des Gestapogebäudes wird mir unheimlich. Dunkle Gänge, Gitter, verschlossene Türen – was ist hier schon alles vor sich gegangen! Beim Verhör richtet der mir an einem breiten Tisch gegenübersitzende Gestapobeamte die Pistole auf meine Brust. Mit dem Finger spielt er am Drücker. Er braucht nur ein wenig weiter durchzuziehen – dann ist es um mich geschehen. Kein Hahn wird danach krähen. – Soll ich Zugeständnisse machen? Soll ich mein Leben zu retten versuchen? Soll ich mir die Freiheit erkaufen, indem ich verleugne? – Nein! Es geht um meinen Herrn! Es geht um Sein Wort! Es geht um die Bibel!

An der Politik war mir nicht viel gelegen. Die war mir zu schmutzig. Ich war auch ganz und gar unpolitisch. Aber es ging mir um Gottes Wort. Es ging mir um die Bibel. So habe ich weiter gepredigt – aus der Bibel. Offensichtlich waren diese Predigten in den Augen der Nazis dennoch höchst politisch.

Nach dem Zusammenbruch des Hitlerstaates durfte ich meine Personalakte bei der NSDAP, die mit anderen Parteiakten von der Besatzungsmacht entdeckt worden war, mir einmal genau ansehen. Sie wurde mir in die Hand gedrückt. Ich durfte sie mehrere Tage in meiner Wohnung behalten, offensichtlich um Gelegenheit zu haben, mich an meinen Feinden und Verfolgern zu rächen. Da standen unter den Anzeigen gegen mich alle die mir wohl bekannten Namen – auch Namen von frommen Gottesdienstbesuchern! Ich habe die Namen selbstverständlich keinem Menschen mitgeteilt. Aber erschüttert war ich, dies alles zu lesen. Da stand z. B. in einer Anzeige der Ortsgruppe der NSDAP an den Sicherheitsdienst: „In sämtlichen Predigten und Ansprachen bekämpft er den Nationalsozialismus“. So hatte man die schlichte Auslegung der Heiligen Schrift verstanden, sicher auch mit Recht so verstanden. Wer an dem Wortlaut der Bibel festhielt und die Bibel reden ließ, mußte in Konflikte geraten. Es ging offensichtlich um die Bibel!

Es geht auch heute um die Bibel – um nichts anderes als um die Bibel! Es geht in der Kirche um die Bibel! Es geht in den Gemeinschaften um die Bibel! Es geht in der Politik um die Bibel! Es geht im Staatsleben, im Leben der Völker untereinander und miteinander um die Bibel! Es geht um die Bibel in den letzten großen weltanschaulichen Auseinandersetzungen der Gegenwart! Es geht um die Bibel im letzten Weltendrama!

Da sagt mir neulich einer: „Es geht um Jesus Christus. Es geht nicht um die Bibel“. Er meint, ich solle die Bibelfrage zurückstellen und auf sich beruhen lassen. Ja, es geht um Jesus Christus, aber den Jesus Christus der Bibel! Es geht nicht um irgend einen Christus. Selbstgemachte Christusse hat es zu allen Zeiten gegeben. Mit einem selbstgemachten Christus kommt man überall durch – auch im Islam! Ein selbstgemachter Christus paßte in die Weltanschauung der NSDAP, in die Weltanschauung Rosenbergs und der Deutschen Christen! Wer den selbstgemachten Christus predigte, blieb unangefochten!

Es geht auch heute um den Jesus Christus der Bibel! Wer von der Bibel etwas abstreicht und sich sein Jesus- und Christusbild nach seinen Ideen, nach seinen Empfindungen, nach seinem Erleben oder nach seiner Vernunft und seinem Verstand zurechtmacht, kommt überall unangefochten durch – im Westen und im Osten, in der Kirche und im Staat, in der Gemeinschaft und in der Ökumene! Wer aber den Jesus Christus der Bibel predigt, gerät in Auseinandersetzungen. Es geht um Jesus Christus, den Jesus Christus der Bibel! Es geht um die Bibel!

Heinrich Jochums

Nicht Menschenwort, sondern Gottes Wort!

„Nicht als Menschenwort, sondern wie es denn wahrhaftig ist, als Gotteswort“ (1. Thess. 2,13).

Das war das frohe Bekenntnis einer ganzen Gemeinde und des Apostels Paulus. Wie kann es auch anders sein im Leben eines Gotteskindes! Die Wirkung der Bibel ist Leben, und das haben die Kinder Gottes am Tage ihrer Entscheidung erfahren dürfen. Die Bibel wirkt in uns – das darf ich mit den Thessalonichern dankbar bekennen! Das lebendige Wort traf auch mich und hat meinem Leben einen völlig neuen Kurs gegeben. Diese meine Neuwerdung bewirkte Gottes lebendiges Wort. Von dieser Zeit an habe ich täglich erfahren, was es bedeutet, allein dem vollinspirierten Wort Gottes zu vertrauen, und darum ist mir die Heilige Schrift in allen Fragen meines Lebens und Glaubens die höchste und einzige Autorität.

Als *Evangelist* habe ich die gewaltige Lebenskraft der Bibel unzählige Male erfahren dürfen. Wie kann doch allein und nur ganz allein das Wort Gottes einen Menschen völlig neu machen! Welch eine Freude, im Dienst für unseren Herrn dieses Wort zu verkündigen!

Als *Bibellehrer* ist mir in meinem täglichen Studium die Bibel mehr und mehr zu einer Quelle der Herrlichkeiten geworden. Immer wieder darf ich erleben, wie mich das Wort zurechtweist, läutert und erquickt. Wollen wir etwas sein zum Lobe Seiner Gnade und Herrlichkeit, so bleibt uns keine andere Wahl, als die Bibel bedingungslos und kompromißlos als Gottes Wort in allen ihren Teilen anzuerkennen. Dies ist ein Glaubensschritt, den wir als Diener Gottes unbedingt in unserem Leben tun müssen. Es ist mir darum eine tiefe Freude, auch weiter mein Leben ganz allein nach der Heiligen Schrift auszurichten.

Als *Diener Gottes* gibt es für mich keinen anderen Weg, und solange ich lebe, werde ich die fundamentale Wahrheit „Die Bibel ist Gottes Wort“ verkündigen.

Nicht Menschenwort – nein und nochmals nein!
Allein und ganz allein nur Gottes Wort!

Friedrich Vogel

Das Wunder der Bibel

„Öffne mir die Augen, daß ich sehe die Wunder an deinem Gesetz“ (Psalm 119, 18).

Die Bibel ist ein Wunder. Ein Wunder kann man nicht erklären. Jeder Versuch, ein Wunder zu erklären, bedeutet Auflösung des Wunders und ist damit Verrat. Ein Wunder ist ein Geheimnis Gottes. Gott läßt sich in seine Geheimnisse nicht hineinschauen. Jeder Versuch, in die Geheimnisse Gottes hineinzuschauen, ist Frechheit, Frivolität, Verbrechen an der Majestät Gottes. Deshalb lehnen wir jeden Versuch, das Wunder der Bibel zu erklären und in das mit dem Wunder der Bibel verbundene Geheimnis Gottes hineinzuleuchten, ab. Es kann lediglich unsere Aufgabe sein, das Wunder zu bezeugen, und über dem Wunder Gottes Größe, Seine Liebe und Treue zu preisen.

Der natürliche Mensch bestreitet die Wunder Gottes. Er „glaubt“ nur das, was er sieht, bzw. das, was in seine materialistische, idealistische oder realistische Weltanschauung hineinpaßt. „Der natürliche Mensch vernimmt nichts vom Geiste Gottes; es ist ihm eine Torheit“ (1. Kor. 2, 14). Deswegen disputieren wir auch nicht über die Bibel. Aber wir beten über der Bibel. Wir beten für uns und für andere, daß Gott uns und anderen die Augen auftue, daß wir sehen die Wunder an seinem Gesetz, an seinem Wort, an seiner Bibel.

Das glauben und bezeugen wir auf Grund der Aussagen der Bibel selber, daß die Bibel das unfehlbare, irrtumslose Wort Gottes ist:

„Ihr sollt nicht wähnen, daß ich gekommen bin, das Gesetz oder die Propheten aufzulösen; ich bin nicht gekommen, aufzulösen, sondern zu erfüllen. Denn ich sage euch wahrlich: Bis daß Himmel und Erde vergehe, wird nicht vergehen der kleinste Buchstabe noch ein Tüpfelchen vom Gesetz, bis daß es alles geschehe“ (Matth. 5,17.18).

„Himmel und Erde werden vergehen; aber meine Worte werden nicht vergehen“ (Matth. 24, 35).

„Und er sprach zu ihnen: O ihr Toren und trägen Herzens, zu glauben alle dem, was die Propheten geredet haben! Und fing an bei Mose und allen Propheten und legte ihnen in der ganzen Schrift aus, was darin von ihm gesagt war“(Luk. 24, 25. 27).

„Ich bezeuge allen, die da hören die Worte der Weissagung in diesem Buch: Wenn jemand etwas dazusetzt, so wird Gott zusetzen auf ihn die Plagen, die in diesem Buch geschrieben stehen. Und wenn jemand etwas davontut von den Worten des Buchs dieser Weissagung, so wird Gott abtun seinen Anteil vom Baum des Lebens und von der heiligen Stadt, davon in diesem Buch geschrieben steht“ (Offb. 22,18.19).

„Öffne mir die Augen, daß ich sehe die Wunder an deinem Gesetz“ (Psalm 119, 18).

„Deine Gebote sind nichts als Wahrheit“ (Psalm 119, 86 a).

„Herr, dein Wort bleibt ewiglich, soweit der Himmel ist“ (Psalm 119, 89).

„Deine Wahrheit währet für und für“ (Ps. 119, 90).

„Ich habe alles Dinges ein Ende gesehen; aber dein Gebot währet“ (Psalm 119, 96).

„Dein Wort ist nichts denn Wahrheit“ (Ps. 119,160).

„Er ist ein Fels. Seine Werke sind unsträflich (= vollkommen); denn alles, was er tut, das ist recht. Treu ist Gott und kein Böses an ihm; gerecht und fromm ist er“ (5. Mose 32, 4).

„Das Gesetz des Herrn ist vollkommen und erquickt die Seele; das Zeugnis des Herrn ist gewiß und macht die Unverständigen weise“ (Psalm 19, 8).

„Und die Schrift kann doch nicht gebrochen werden“ (Joh. 10, 35 b).

Gott ist unfehlbar – so ist auch sein Wort unfehlbar. Gott irrt niemals – so irrt auch sein Wort niemals. Auf Gott kann ich mich jederzeit und unter allen Umständen verlassen – so kann ich mich auch auf sein Wort jederzeit und unter allen Umständen verlassen.

Zwar hat Gott sein Wort in der Menschen Hände gelegt. Er hat es durch Menschen niederschreiben lassen. Aber er hat in seiner Weisheit, in seiner Allmacht, in seiner Treue und in seiner Liebe darüber gewacht, daß sein Wort sein Wort blieb, daß es nicht menschlicher Sünde und menschlichem Irrtum unterworfen wurde. Sein Wort sollte sein Wort sein und bleiben. So sind die heiligen Schriften, wie Gott sie durch seinen Geist durch Menschen hat niederschreiben lassen, sein unfehlbares, irrtumsloses Wort, auf das ich mich an jeder Stelle verlassen kann.

„Und wir haben desto fester das prophetische Wort, und ihr tut wohl, daß ihr darauf achtet als auf ein Licht, das da scheint an einem dunkeln Ort, bis der Tag anbreche und der Morgenstern aufgehe in euren Herzen. Und das sollt ihr vor allem wissen, daß keine Weissagung in der Schrift eine Sache eigener Auslegung ist. Denn es ist noch nie eine Weissagung aus menschlichem Willen hervorgebracht; sondern von dem heiligen Geist getrieben haben Menschen im Namen Gottes geredet“

(2. Petr. 1, 19–21).

Auch die Zusammenstellung der heiligen Schriften zum Buch der Bibel ist Gottes Wunder. Er hat auf wunderbare Weise sündige und verderbte Menschen so geleitet, daß diejenigen Schriften, die er durch seinen Heiligen Geist hatte niederschreiben lassen und nur diese und keine anderen zum Buch der Bibel zusammengefaßt wurden. Das ist Gottes Wunderwerk, hominum confusione Dei providentia,

d. h. seine Vorsehung inmitten menschlicher Wirrnis.

Zwar haben wir heute nicht mehr die ersten Originalschriften der Propheten und Apostel. Menschen haben die Originalschriften abgeschrie-ben, andere haben diese wieder abgeschrieben. Aber auch darüber hat Gott seine gnädige Hand walten lassen, daß, wie immer wieder neue Funde aus den ältesten Zeiten bestätigen, bei dem häufigen Abschreiben nur ganz geringe Abschreibfehler vorgekommen sind, durch die die Zuverlässigkeit und Autorität der Bibel in keiner Weise infrage gestellt wird.

Auch das ist ein Wunder Gottes. Wir können uns auf unsere Bibel verlassen – unter allen Umständen, auch auf unsere Bibel, wie wir sie heute haben. Das größte Wunder der Bibel aber ist, daß wir in ihr Jesus selber finden dürfen. Jesus sagt: „Ihr suchet in der Schrift; denn ihr meinet, ihr habt das ewige Leben darin; und sie ist es, die von mir zeuget"
(Joh. 5, 39).

Wir glauben, bezeugen und preisen die Wunder Gottes an seinem Gesetz, an seinem Wort, an seiner Bibel. Die Bibel selbst bezeugt uns diese Wunder, und der Heilige Geist, der in der Bibel zu uns redet, bestätigt uns die Wunder in unseren Herzen.

Heinrich Jochums

Fundamentalismus – Verbalinspiration

Im Gespräch um die Bibel werden vielfach die Worte „Fundamentalismus“ und „Verbalinspiration“ gebraucht. Sie sind zu Schlagworten geworden, mit denen man den Gegner schnell erledigen will. Viele verstehen die Worte falsch. Uns liegt an den Begriffen als solchen nichts; alles aber liegt uns an der Sache, um die es geht. Damit jeder weiß, in welchem Sinn wir die Worte für uns in Anspruch nehmen können und in welchem Sinne nicht, habe ich die folgenden Thesen und den sich anschließenden Artikel „Was verstehen wir unter Verbalinspiration?“ geschrieben.

1. Ein Fundamentalist ist ein Mensch, der ein Fundament unter den Füßen hat. Das ist eine gute und notwendige Sache.

2. Im christlichen Sinn versteht man unter Fundamentalist denjenigen, der an den fundamentalen Wahrheiten des Christentums festhält, für den diese Wahrheiten nicht zur Diskussion stehen, sondern als ewig gültige Wahrheiten Gottes feststehen.

3. Diese fundamentalen Wahrheiten sind insbesondere folgende:
a) die bedingungslose, uneingeschränkte Autorität der Heiligen Schrift als des unfehlbaren Wortes Gottes.
b) Die Gottessohnschaft Jesu Christi.
c) Die Jungtrauengeburt.

d) Der Sühnetod Jesu Christi am Kreuz für die Sünden der Menschen.
e) Die Notwendigkeit der Wiedergeburt.
f) Die leibliche Auferstehung Jesu Christi.
g) Die Himmelfahrt Jesu.
h) Die Wiederkunft Jesu.
i) Ewige Seligkeit für die durch das Blut Jesu im Glauben Geretteten und ewige Verdammnis für die, die die Versöhnung durch das Blut Jesu nicht angenommen haben.

4. Die bedingungslose, uneingeschränkte Autorität der Heiligen Schrift als des unfehlbaren Wortes Gottes wird häufig mit dem Wort „Verbalinspiration" zum Ausdruck gebracht.

5. Unter „Verbalinspiration" versteht man die Eingebung der Heiligen Schrift durch den Heiligen Geist bis in die einzelnen Worte der Bibel hinein. Auch die einzelnen Worte der Bibel sind unter der Leitung des Heiligen Geistes niedergeschrieben worden. Deshalb ist die Heilige Schrift unfehlbar und irrtumslos.

6. In dem oben skizzierten Sinne nehme ich die Worte Fundamentalismus und Verbalinspiration für mich in Anspruch. Ich lehne aber die immer wieder anzutreffende Karikatur dieser Begriffe durch unsere Gegner ab.

7. Karikatur ist es, wenn man sagt, Fundamentalismus sei „tote Orthodoxie". Ein Fundamentalist kann natürlich tot sein. Er kann ebenso tot sein wie

ein Liberaler. Jeder ist tot, wenn er nicht durch den Heiligen Geist wiedergeboren ist. Wenn aber einer von neuem geboren ist, kann er schwerlich auf die Dauer die fundamentalen Wahrheiten des Christentums leugnen, ohne an seiner Seele Schaden zu nehmen.

8. Karikatur ist es, wenn man sagt, die Vertreter der Verbalinspiration glaubten an die Unfehlbarkeit der Luther-Übersetzung usw. Wir glauben nicht an eine bestimmte Übersetzung, auch nicht an die Unfehlbarkeit dieser oder jener alten Handschrift. Aber wir glauben, daß die biblischen Texte, wie sie ursprünglich von Gott durch seinen Heiligen Geist eingegeben worden sind, unfehlbar sind. Nach der besten Übersetzung bzw. nach dem ursprünglichen Text zu forschen, ist die besondere Aufgabe der alt- und neutestamentlichen Sprachwissenschaft bzw. der Theologie.

9. Karikatur ist es ebenfalls, wenn man den Vertretern der Verbalinspiration unterschiebt, sie glaubten an einen Gott, der die Worte der Bibel diktiert habe und dergleichen. Wie Gott die Heilige Schrift durch seinen Geist eingegeben hat, das bleibt das Geheimnis, das wir nicht ergründen, vor dem wir nur anbetend stille stehen können.

10. Gern wird zugegeben, daß es unter Fundamentalisten und Vertretern der Verbalinspiration auch Entartungen und Entgleisungen gegeben hat und gibt. Aber wo gibt es keine Entartungen oder Ent-

gleisungen? In welcher Theologie, in welcher Kirche oder Freikirche oder Gemeinschaft?

Was verstehen wir unter Verbalinspiration?

„Verbalinspiration" heißt zu deutsch *„Niederschrift der Worte der Heiligen Schrift unter der Leitung des Heiligen Geistes"*. Mit dem Wort „Verbalinspiration" bringt man zum Ausdruck, daß der Heilige Geist die Männer, die die Heilige Schrift niedergeschrieben haben, so geleitet hat, daß die Worte, die sie schrieben, nicht ihre Weisheit, sondern Gottes Weisheit, nicht ihre Worte, sondern Gottes Worte wurden. Unter Verbalinspiration verstehen wir das, was Paulus 2. Tim. 3, 16 sagt: „Alle Schritt, von Gott eingegeben". Gott hat „alle Schrift", d. h. die ganze Heilige Schrift, „eingegeben", eingegeben durch seinen Heiligen Geist, ihre Niederschritt durch seinen Geist geleitet. Die Worte „von Gott eingegeben" kann man auch übersetzen: „Vom Geiste Gottes erfüllt". Das Wort „Verbalinspiration" ist also eine gute Sache. Es ist in der Heiligen Schrift selbst begründet.

Im übrigen liegt uns an einer besonderen Verbalinspirationstheorie gar nichts. – „Wie Gott das gemacht hat?" – Diese Frage ist vorwitzig. Wir sind nicht Gottes Geheimräte. Wir können in Gottes Werkstatt nicht hineinschauen. – Gewiß hat Gott nicht einfach diktiert. Gewiß ist die Bibel nicht vom Himmel gefallen, sondern von Menschen geschrieben worden. Gewiß war dieser Vorgang kein maschinell-mechanischer. Aber Gott hat seine Hand über der Niederschrift der Bibel gehalten. Gott hat die Männer durch seinen Geist geleitet, daß die Bibel nicht irrt und nicht in die Irre führt, sondern wahr ist an jeder Stelle und in jedem Wort.

Wir klammern uns dabei nicht an eine bestimmte Übersetzung, etwa die Luther-Übersetzung. Wir klammern uns auch nicht an eine bestimmte Handschrift. Wir forschen frei nach dem ursprünglichen Text und seiner Bedeutung. Aber wir glauben, daß dieser ursprüngliche Text, als unter der Leitung des Heiligen Geistes geschrieben, nicht irren kann.

Verbalinspiration heißt: nimm die Bibel wörtlich! Du kannst dich auf sie verlassen! Du kannst dich auch auf die *Worte* der Bibel verlassen! Du kannst dich auf *jedes Wort* der Bibel verlassen! Die Bibel betrügt dich nicht! Die Bibel sagt dir stets und in jedem Fall die Wahrheit!

Deswegen wollen wir uns hüten, bei der heute immer weiter um sich greifenden Polemik gegen eine „Verbalinspiration“ mitzumachen. Wir wollen uns hier nicht versündigen!! Man mag uns für rückständig halten: wir machen nicht mit. Man mag uns für stur halten: wir machen nicht mit. Man mag uns für dumm halten: wir machen nicht mit. Im übrigen sagt uns die Bibel: „Nicht viel Weise nach dem Fleisch ... sind berufen“ (1. Kor. 1, 26). Gott wird die angebliche menschliche Weisheit zunichte machen:

„Denn es steht geschrieben: Ich will zunichte machen die Weisheit der Weisen und den Verstand

der Verständigen will ich verwerfen. Wo sind die Klugen? Wo sind die Schriftgelehrten? Wo sind die Weltweisen? Hat nicht Gott die Weisheit dieser Welt zur Torheit gemacht?" (1. Kor. 1, 19. 20).

„Wovon wir aber reden, das ist dennoch Weisheit bei den Vollkommenen; nicht eine Weisheit dieser Welt, auch nicht der Obersten dieser Welt, welche vergehen. Sondern wir reden von der heimlichen, verborgenen Weisheit Gottes, welche Gott verordnet hat vor der Welt zu unserer Herrlichkeit" (1. Kor. 2, 6. 7). –

Wir bleiben bei dem Wort. Wenn wir uns nicht mehr auf die *Worte* der Bibel verlassen können, können wir uns auch nicht mehr auf die *Sätze* der Bibel verlassen. Wenn wir uns nicht mehr auf die *Sätze* der Bibel verlassen können, können wir uns auch nicht mehr auf die biblischen *Geschichten* verlassen. Wenn wir uns nicht mehr auf die biblischen *Geschichten* verlassen können, können wir uns auch nicht mehr auf die Geschichte des Lebens *Jesu* verlassen. So können wir uns erst recht nicht mehr auf die Worte Jesu verlassen. Eins hängt hier mit dem anderen auf das engste zusammen.

Wenn die Worte der Bibel irren, irren die Sätze der Bibel, irren die Geschichten der Bibel, irren die Geschichte von der Geburt Jesu, die Geschichten von seinen Wundern, die Geschichte von seinem Kreuzestod für uns, die Geschichte von seiner Auferstehung, die Geschichte von seiner Himmelfahrt, irren die Worte der Apostel und Propheten, irren auch die Worte Jesu. Wenn die Worte der Bibel irren können, fängt zuletzt alles an zu wanken.

Der Zweifel an Gottes Wort hat immer beim Zweifel an einzelnen Worten der Bibel angefangen. „Sollte Gott gesagt haben ...?“ – Das war die Versuchung der Schlange. „Sollte dies eine Wort Gottes wirklich so von ihm gesagt sein?“ „Das ist doch unmöglich! Das kann doch Gott nicht so gesagt und so gemeint haben.“ Damit begann der Sündenfall.

„Sollte Gott gesagt haben ... ?“ Damit hat auch der Sündenfall der Theologie begonnen. Wo es in der Kirche oder auch in einer Gemeinschaft bergab ging, stand hinter dem Geschehen immer ein offener oder verborgener Zweifel an Gottes Wort.

Die Geschichte der Theologie der letzten 200 Jahre ist ein einziges Trauerspiel. Mit der Kritik an einzelnen Stellen der Bibel begann es; bei der radikalen Kritik eines Bultmann und seiner Schüler endete es.

Zwar hat es immer wieder bis auf diesen Tag wackere Männer, auch Professoren der Theologie, gegeben, die der Versuchung widerstanden und sich in ihrem Vertrauen zur Bibel, der ganzen Bibel, nicht beirren ließen. Wir wollen hinter ihnen stehen, vor allem mit unseren Gebeten. Ihre Zahl ist heute klein geworden. Sie stehen oft auf einsamem Posten. Wir sind aber der guten Zuversicht, daß die Wahrheit des Wortes Gottes sich auch heute in der Kirche durchsetzen wird. Wie schnell war der Spuk des alten Liberalismus vorbei, obwohl er sich so stolz gebärdete! Wie schnell war der Spuk der „Deutschen Christen“ vorbei, obwohl sie auf große Macht pochten! Wie schnell wird auch der Spuk des neuen Liberalismus vorbei sein! Die Gemeinde Jesu macht hier nicht mit. Die Prediger des neuen Liberalismus werden bald vor leeren Bänken predigen. Die Kirchen, in denen das reine, lautere, unverkürzte Evangelium gepredigt wird, aber werden sich immer wieder füllen.

Wir bleiben bei dem Wort, dem ganzen Wort, dem ganzen Wort der Heiligen Schrift. Wir trauen es zugleich dem Worte Gottes zu, daß es den Sieg über alle seine Kritiker gewinnt. Das Wort Gottes ist ja zuletzt Jesus Christus selber. Daß Jesus siegt, bleibt ewig ausgemacht.

Heinrich Jochums

Warnung vor „gemäßigter“ Bibelkritik

Wenn der König Salomo sagt, es gäbe „nichts Neues unter der Sonne" (Pred. 1, 9), dann gilt das auch im Blick auf die bibelkritischen neuen und allerneuesten „Ergebnisse" der modernen Theologie. Was die bibelkritischen Theologen unserer Tage als „Ergebnisse" ihrer Bemühungen auf vielen Lehrstühlen der Theologischen Fakultäten unserer Universitäten vortragen, was sie auf sehr vielen Kanzeln unserer Kirchen predigen und auf sehr vielen Podien unserer Schulen lehren, ist durchweg eine hier und da erweiterte Neuauflage von schon dagewesenen Irrtümern und Irrlehren, die von bibeltreuen Theologen der Vergangenheit längst widerlegt sind. In der vordersten Reihe der „radikalen" Bibelkritiker stehen heute bei uns in Deutschland der Theologieprofessor R. Bultmann und seine Schüler. Sie leugnen nicht nur die Inspiration der Heiligen Schrift, sondern auch alle zentralen Heilswahrheiten: Die Vorweltlichkeit Christi, Seine übernatürliche Geburt aus der Jungfrau Maria, Sein sündlos-heiliges Leben, Seine Zeichen und Wunder, Seinen stellvertretenden blutigen Kreuzestod zur Versöhnung und Erlösung der Welt, Seine leibliche Auferstehung von den Toten und Seine Himmelfahrt, Sein Sitzen zur Rechten Gottes, des allmächtigen Vaters, Seine Wiederkunft in Kraft und Herrlichkeit zur Hinausführung und Vollendung des Heilsratschlus-ses Gottes in Gericht und Gnade.

Diese Heilstatsachen und -wahrheiten sind für sie „erledigt". Diese Männer und ihre zahlreichen Schüler sind im Ablauf der nahezu 2000 Jahre christlicher Zeitgeschichte keineswegs die ersten Leugner und Bekämpfer der biblisch bezeugten Heilstatsachen und -wahrheiten. Aber sie unterscheiden sich von ihren Vorläufern, auf deren Schultern sie stehen, dadurch, daß sie ihre gott- und christusfeindlichen – ich weiß, was ich schreibe! – Gedankenprodukte, im zielbewußten Streben nach jedem freiwerdenden theologischen Lehrstuhl, mit einer Anmaßung vortragen, die ihresgleichen sucht. Und was das Erschütternde ist: Die Studenten fallen ihnen in Massen zu und bestätigen das Wort des Apostels Paulus:

„Es kommt eine Zeit, da werden die Leute die gesunde Lehre unerträglich finden und sich immer neue Lehrer nach ihrem Geschmack suchen, weil sie hören wollen, was ihre Ohren kitzelt; von der Wahrheit werden sie ihr Ohr abwenden und sich den Fabeln zuwenden" (2. Tim. 4, 3 u. 4).

Neben der breiten Front der „radikalen" Bibelkritiker der Bultmann-Schule steht die lange Front der sogenannten „gemäßigten" Bibelkritiker, die D. Dr. Schöffel, der als Theologe und als Landesbischof der hamburgischen Kirche gleich hervorragend war, im Auge hatte, als er an Lic. Wilhelm Möller, den tapferen Kämpfer für die Inspiration der Heiligen Schrift, schrieb: „Man redet über die Bibel und will sie im Grunde doch nicht ganz – und das nicht nur bei den Liberalen, sondern bis weit hinein in die

Rechte!" und der bayrische Kirchenpräsident und hervorragende Theologe D. v. Bezzel meinte sie, als er sagte: „Statt daß wir mit der alten Inspirationslehre aufräumen, wie jetzt immer wieder auch bei den Getreuen die Rede geht, wollen wir an der armen Gestalt des verachteten Wortes festhalten, bis der Tag anbreche und der Morgenstern denen aufgeht, die auch in der Nacht glauben. Denn das soll uns gewiß sein, daß eher Himmel und Erde vergehen, ehe Seine Worte vergehen, die Lebenskraft in sich haben, wie sie die Wahrheit verleiht und die Wirklichkeit erweist. Das *Wie* der Inspiration bleibt, nicht zum Schaden verborgen dem, der das *Daß* festhält. Und in der Theologie der Seligen soll auch das *Wie* Erfahrung werden."

Ja, so ist es. Bis tief hinein in die „Rechte" und in die Reihen der „Getreuen", also der sogenannten positiven Theologen, ist die Inspiration der Heiligen Schrift preisgegeben. Wohl sagen sie, auch sie stünden zur Bibel als der Offenbarung Gottes. Aber sie fügen sofort hinzu, daß in ihr neben den zuverlässigen Worten Gottes auch irrendes Wort der Menschen stehe, daß wir ihren naturwissenschaftlichen und historischen Aussagen nicht glauben könnten, auch nicht zu glauben brauchten. Die Zahl der evangelischen Theologen, die in Ehrfurcht zur ganzen Bibel als dem inspirierten Worte Gottes stehen, ist nicht groß. Sie ist klein und immer kleiner geworden. Heute ist sie sehr klein.

Wir stehen vor dem Tatbestand, daß auch im Raum des Pietismus die „gemäßigte" Bibelkritik ihren

Eingang gehalten hat. Seit einiger Zeit wird auch hin und her in Predigerseminaren Bibelkritik getrieben, wenn auch nicht mit dem ehrfurchtslosen gott- und christusfeindlichen Radikalismus Bultmanns und seiner Schüler, so doch in der Verneinung der Inspiration der Bibel durch den Heiligen Geist und in der Bejahung der Notwendigkeit einer „zweifachen Buchführung", das heißt, einer Unterscheidung zwischen zuverlässigen heilsgeschichtlichen Wahrheiten und unzuverlässigen, sich widersprechenden profangeschichtlichen (= naturkundlichen, geschichtlichen) und sonstigen Aussagen.

Auch die „gemäßigte" Bibelkritik spricht von „Irrtümern" und „Widersprüchen", die nun einmal zur „Knechtsgestalt" der Bibel gehören sollen und sie machen uns den Vorwurf, daß die Bibel für uns ein „papierener Papst" sei, und daß wir das Wort des Apostels Paulus: „Der Buchstabe tötet, aber der Geist macht lebendig" (2. Kor. 3, 6), offenbar nicht kennten. Sie wissen nicht, daß Paulus mit dem „Buchstaben" nicht den Text des Alten und Neuen Testamentes, sondern das alttestamentliche Gesetz vom Sinai meint. Der Zeitpunkt für einen breitangelegten „Kirchenkampf um die Bibel" dürfte verpaßt sein. Theologie und Kirchen sind schon zu stark durchsetzt und gelähmt von dem Gift der Bibelkritik, als daß sie noch zu einem rückhaltlosen Kampf für die Autorität der Bibel fähig wären.

So liegen heute die Dinge: *Neben dem Haufen der „radikalen“ Bibelkritiker der Bultmann-Schule, die die Bibel wie ein Gebäude auf Abbruch behandeln, steht die lange und breite Front der „gemäßigten" bibelkritischen Theologen und Pfarrer, die für die Gemeinde Jesu deshalb eine große Gefahr sind, weil sie durchweg die zentralen Wahrheiten der biblischen Botschaft, wie sie z.B. im Apostolischen Glaubensbekenntnis zusammengefaßt sind, bejahen und verkündigen. Aber es hilft alles nichts: auch sie untergraben und zerstören mit ihrer Bibelkritik das Vertrauen zu der vom Heiligen Geist inspirierten Offenbarung Gottes, wie sie uns im Bibelwort überliefert ist.*

Es liegt mir fern, ein absprechendes Urteil über ihren Glaubensstand und ihr Glaubensleben auszusprechen. Wer bin ich, daß ich das dürfte und könnte! Aber ich bedaure es außerordentlich, daß sie, die im Gegensatz zu den „Radikalen" zu den „Getreuen" und zu der „Rechten" gehören wollen und auch gehören, in Verkennung der Inspirationstatsache der Heiligen Schrift, mehr oder weniger laut in den Chor derer einstimmen, die das Vertrauen zur *ganzen* Bibel untergraben, anstatt zu einem *„vollen Vertrauen zur ganzen Bibel"* aufzurufen. Wenn doch im Raum der Gemeinde Jesu noch viele Theologen und Prediger dem Beispiel jenes Theologieprofessors folgen wollten, dessen frühere Erläuterungen alttestamentlicher Schriften noch von der Theorie der Quellenscheidung und von der Bibelkritik bestimmt sind. Er sagte kürzlich, daß er sich immer mehr zur Verbalinspiration hingeführt wisse.

Damit man mich nicht mißverstehe, bemerke ich mit Nachdruck, daß mein und meiner Freunde Bekenntnis zur Inspiration der Heiligen Schrift kein Bekenntnis zur magisch-mechanischen Diktat-Inspirationslehre der starren Orthodoxie des 17. Jahrhunderts ist, die auch heute noch in den lutherischen fundamentalistischen Gemeinden der Missouri-Synode in Amerika, kaum aber in Deutschland vertreten wird. Wann endlich wird man aufhören, meine Freunde und mich mit der üblen Nachrede zu belasten, wir seien die Verfechter einer „Verbalinspiration, die aus der Spekulation jüdischer Rabbiner" stamme und den „unfehlbaren Buchstaben" behaupte? Die so verstandene Inspiration lehnen wir ebenso ab, wie die radikalen und gemäßigten Bibelkritiker es tun. Aber freilich: im Gegensatz zu ihnen machen wir vollen Ernst mit der Inspirationstatsache der Bibel. Ihre Schreiber waren keine willenlosen Schreibmedien, keine „Schreibmaschinen Gottes", sondern heilige Männer Gottes, die, getrieben (= inspiriert) vom Heiligen Geist, von Gott aus geredet und geschrieben haben (2. Petr. 1, 21). Erfüllt und erleuchtet vom Heiligen Geist, behielten sie ihre besondere Art und Weise des Sprechens und Schreibens; aber Er lenkte ihr Denken und Wollen gerade auf die Gottesgedanken, die sie verkündigen sollten; und Er gab ihnen dafür auch den entsprechenden Ausdruck in den Sinn. Deshalb schreibt Paulus:

„Davon reden wir auch nicht in Worten, die menschliche Weisheit lehrt, sondern in solchen, die der Heilige Geist lehrt, indem wir geistgewirkten

Inhalt mit geistgewirkter Sprache verbinden" (1. Kor. 2, 13).

Die Propheten und Apostel waren demnach beim Niederschreiben der Gottesgedanken und –Wahrheiten in einem so hohen Grade vom Heiligen Geist durchhaucht, erleuchtet, erfüllt, getragen und gesichert, daß menschliche Fehler und Irrtümer nicht unterlaufen konnten. Die Heilige Schrift beschreibt diesen Zustand des Inspiriertseins durch den Geist Gottes mit folgenden Worten: „Da sprach der Herr zu Mose: Du sollst mit ihm (Aaron) reden und die Worte in seinen Mund legen; so will Ich mit deinem und mit seinem Munde sein und lehren, was ihr tun sollt" (2. Mose 4, 14–16). Siehe auch 5. Mose 18, 18; Jesaja 50, 4; 51, 16; Jeremia 1, 17; Matth.10,20!

In ihrem Inspiriertsein durch den Heiligen Geist waren die göttlichen Gesetze der persönlichen Eigenart der Apostel und Propheten nicht ausgeschaltet, wie es bei einem spiritistischen Medium im Trancezustand der Fall ist. Die heiligen Männer Gottes befanden sich im ganz wachen Zustand. Der Evangelist Lukas hat vor dem Niederschreiben seines Evangeliums „sorgfältig nachgeforscht", wie die „geschichtliche Folge" des Lebens Jesu sich ereignet hat. Diese gewissenhafte Vorbereitung der Evangelisten gehörte mit hinein in die Inspiration durch den Heiligen Geist. Wie immer die einzelnen Schreiber der biblischen Bücher auch geführt sein mögen – es war in jedem Fall das Wort Gottes, das sie schrieben. Mochten sie, als Kinder ihrer Zeit, in den Anschauungen und Irrtümern ihrer Zeit befangen sein –: wenn sie zur Verkündigung und Niederschrift der Gedanken und Absichten Gottes beauftragt waren, erfüllte Gott sie mit Seinem Heiligen Geist so hochgradig, daß sie vor jedem zeitbedingten oder menschlichen Irrtum gesichert waren.

Darum sagt der Hamburger Probst R. Mumßen, der ein Theologe von Format war, in seiner Schrift: „Die Unfehlbarkeit der Bibel": „Die Unfehlbarkeit der Bibel beruht auf der Irrtumslosigkeit – nicht ihrer menschlichen Verfasser, sondern ihres göttlichen Urhebers." Und eben diese Inspiration nennen meine Freunde und ich, im Gegensatz zu dem spiritistisch-mechanisch-magischen „Diktat", die *organisch-geistliche-dynamische Inspiration*. Im Blick auf diese Inspiration sagen wir mit D. von Bezzel: „Das *Wie* der Inspiration bleibt, nicht zum Schaden, verborgen dem, der das *Daß* festhält." Wie die Menschwerdung des Sohnes Gottes in der Heiligen Weihnacht für uns ein Geheimnis ist und bleibt, so ist auch das Eingehen des Wortes Gottes in das Wort der heiligen Menschen Gottes ein Geheimnis, das wir nicht erklären können, das wir aber, in Ehrfurcht vor Gott und Seinem Wort, von Herzen glauben. Und D. von Bezzel wird recht behalten: In der Theologie der Seligen, das heißt: in der Ewigkeit nach aller Zeit, in der wir „ganz“ erkennen, wie wir jetzt „ganz“ erkannt worden sind, werden wir, die wir „auch in der Nacht“ ehrfürchtig an der Inspirationstatsache festhalten, das Wie der Inspiration erfahren. Bis dahin wollen auch wir „an der armen Gestalt des Wortes Gottes festhalten“

und bekennen: „Hier ist Irrtumslosigkeit des Originaltextes Glaubenspostulat!“

Wenn gesagt wird, wer die Inspiration für die Urschriften der Bibel bejahe, der müsse sie folgerichtig auch für die Abschriften und Übersetzungen bejahen, dann sind meine Freunde und ich mit namhaften Theologen der Überzeugung, daß die Inspiration auf die Originale, auf die *Urtexte* der Bibel zu beschränken ist, daß sie also nicht auf die Abschriften und Übersetzungen ausgedehnt werden muß und darf. Wir wissen so gut wie die Bibelkritiker, daß es neben vielen sogenannten „Varianten“ (= andere Lesarten, die durch die Abschreiber entstanden sind), auch „harte Nüsse“ in der uns vorliegenden Bibel gibt, die wir zur Zeit noch nicht zu knacken vermögen, die uns aber ganz gewiß, wenn nicht früher, dann in der „Theologie der Seligen“ enthüllt werden. Bis dahin sind wir mit dem Kirchenvater Augustin der Überzeugung, daß entweder die betreffenden Abschriften fehlerhaft sind oder daß uns das rechte Verständnis für sie noch fehlt. Wir sind überzeugt, und zwar je länger desto mehr, daß das die Stellung und Haltung ist, die die Ehrfurcht vor Gott und Seinem Wort im Bibelbuch von uns fordert, ganz unbekümmert darum, daß die Bibelkritiker aller Kategorien diese unsere Stellung und Haltung von obenherab als „Laiendogmatik des gegenwärtigen Pietismus" bezeichnen.

Wir sind von Herzen dankbar für alles Bemühen einer bibelgläubigen Theologie, die uns im Geiste des großen schwäbischen Theologen Prälat D. Johann

Albrecht Bengel möglichst nahe an die Urtexte heranführt. Wie ehrfürchtig Bengel das von ihm begründete Werk des „Studiums der Lesarten" verstanden und vollführt hat, geht aus folgendem Satz hervor: „Die Schrift enthält nichts, was nicht taugt. Es ist kein Bieglein in der Heiligen Schrift, das nicht seine Kraft und seine Bedeutung hätte. Es ist alles darin enthalten, was uns zu glauben und zu wissen nötig ist. Wenn ich das gesamte Buch der Heiligen Schritt in die Hand nehme, so kann ich sagen: Dies ist ein Brief, den mein Gott mir hat schreiben lassen, wonach ich mich ausrichten soll und wonach mein Gott mich richten wird."

Auf die Frage, wie wir uns zu den bibelkritischen Gedankenprodukten der „Radikalen" und der „Gemäßigten" stellen und ob wir uns mit ihnen auseinandersetzen sollen, möchte ich folgendes antworten: Der Tübinger Theologieprofessor D. Johann Tobias Beck, der eine theologische Schule begründet hat, aus der zahlreiche gesegnete Theologen hervorgegangen sind, die nicht nur den schwäbischen Pietismus befruchtet haben, sagte einem jungen Theologen, dem späteren Pfarrer, Chr. Keller, auf seine Klage hin, daß er um des Gewissens willen so viele bibelkritische Werke durchlesen müsse: „Und wenn Sie noch weiterkommen, werden Sie sich einmal schämen, daß Sie es für Ihre Pflicht hielten, dergleichen Gedankenprodukte durchzuarbeiten."

Wer meint, er müsse sich aus diesem oder jenem Grunde mit den bibelkritischen Werken eines Bult-

mann und seiner Schüler beschäftigen und auseinandersetzen, der möge es tun. Auf Grund von Galater 1, 9; 2. Kor. 6, 14–17 und 2. Johannes 7–11 haben diese Männer uns weder etwas zu sagen, noch auch zu geben. Noch heute klingt mir im Ohr ein Wort Heinrich Dallmeyers, der durch Jahrzehnte hindurch als Prediger, Schriftsteller und Seelsorger im Raum der Deutschen Gemeinschaftsbewegung (Gnadauer Verband) im Segen gewirkt hat. Auf einer Reichgottesarbeiterkonferenz sagte er in seiner drastischen Art, es sei gefährlicher, unter den Vorträgen und Predigten eines liberalen Bibelkritikers zu sitzen oder seine Bücher zu lesen, als mit einem Taschendieb unter einem Regenschirm spazierenzugehen. Der Taschendieb, so meinte er, könne uns höchstens den Geldbeutel aus der Tasche stehlen, während der liberale Bibelkritiker uns das ganze und volle Vertrauen zur Bibel aus dem Herzen zu stehlen vermöge. Dallmeyer hat recht.

Es sollte uns bedeutsam sein, was Billy Graham bekennt, der fraglos zu den Männern Gottes gehört, die heute (1965) mit ihrer Botschaft die weitesten Kreise in allen Rassen und Völkern, in allen Schichten und Bildungsgraden erreichen und viele Menschen in gesegneter Weise zurück zu dem lebendigen Gott und zu Jesus Christus, dem Hirten und Bischof der Seelen, rufen und führen. Er sagt, daß er durch seine viele Beschäftigung mit bibelkritischen Werken das Vertrauen zur Bibel und die Vollmacht zur Verkündigung des Evangeliums verloren habe. Er sei dann in die Einsamkeit der

Berge gegangen und habe Gott seine Not im Gebet geklagt. Damals habe Gott ihm die Gnade geschenkt, die ganze Bibel als das untrügliche, heilige Wort Gottes hinzunehmen. Er bekennt als Folge jener großen Wende in seinem Predigtamt: „Von diesem Tage an bis heute habe ich kaum noch Zweifel gekannt. Jetzt kann ich die Bibel als Schwert benutzen. Wenn ich jetzt in der Bibel etwas finde, was ich nicht verstehe, dann erlaube ich mir kein Urteil darüber. Ich warte, bis Gott mir die Antwort schenkt. Im Glauben nehme ich die Bibel als die Offenbarung Gottes."

Wir haben nichts dagegen einzuwenden, wenn bibeltreue Gelehrte, das heißt, wenn Theologen, die bekennen, daß die Bibel allein und die Bibel in ihrer Gesamtheit das geschriebene Wort Gottes und daher irrtumslos in den Originalen ist, und die über das erforderliche umfangreiche, wissenschaftliche Rüstzeug verfügen, die „Ergebnisse" der historisch-kritischen Theologie unter die Lupe nehmen und den Nachweis erbringen, daß sie im grundsätzlich-historischen 19. Jahrhundert wurzeln und daß sie letztlich nur Behauptungen der alten liberalen Richtung im modernen Gewand sind. Wir, die wir über das umfangreiche wissenschaftliche Rüstzeug nicht verfügen – und das sind ja nicht nur die so genannten Laien und die seminaristisch ausgebildeten Prediger und Missionare, sondern auch weitaus die meisten akademisch gebildeten Theologen und Pastoren! – wir sind dankbar für jede Handreichung und Hilfe, die bibeltreue Theologen uns gewähren, damit wir, auf ihren Schultern stehend, die Bibel in ihrer Gesamtheit als das geschriebene, in den Originalen irrtumslose Wort Gottes stets mit gutem Gewissen und in der Gewißheit verkündigen können, daß alle bibelkritischen „Ergebnisse", auch die der historisch-kritischen Theologie der Gegenwart, die Gedankenprodukte einer sich wissenschaftlich gebärdenden historisch-kritischen Schule der alten liberalen Richtung im modernen Gewand sind.

Am Ende des ersten Weltkrieges fand in Halle a. d. Saale hinter verschlossenen Türen eines Hotelzimmers eine Konferenz statt, an der nur fünf oder sechs Brüder teilnahmen, von denen ich der einzige noch Überlebende bin. Es ging in dieser Konferenz um hochwichtige Fragen; auch um die Frage der Bibelkritik. Einberufen war sie von dem gesegneten Pfarrer Leopold Wittekindt, der ein Schüler Vilmars und Becks war. Als es um die Bibelfrage ging, sagte Wittekindt zu einem der teilnehmenden Brüder, er stoße hin und her im Lande immer wieder darauf, daß er zunehmend stark Zugeständnisse an die bibelkritische Theologie mache. Wittekindt bat ihn, in seine frühere positive Stellung zur ganzen Bibel zurückzukehren. Er hat das abgelehnt und ist immer fester in die Fangarme dieser unheilvollen historisch-kritischen Bewegung hineingeraten. Die Folge war, daß sein früher so gesegneter, von vielen begehrter Dienst der Verkündigung sich in immer engeren Grenzen vollzog. *Sein Ja zur Bibelkritik hatte ihm die Vollmacht und das Vertrauen weiter Kreise im Raum der Gemeinde Jesu genommen.* So habe ich im Laufe der Jahrzehnte viele Brüder kennengelernt, die in dem Maße ihre Vollmacht verloren haben, als sie sich auf das Glatteis der Bibelkritik begaben und ein Zugeständnis nach dem andern an die bibelkritische Theologie machten. Während Billy Graham die außergewöhnliche Vollmacht, die seinen Dienst der Verkündigung kennzeichnet, empfing, als er die Bibelkritik preisgab, haben diese Brüder ihre Vollmacht verloren, als sie Zugeständnisse an die Bibelkritik machten.

Ich stelle einfach eine Tatsache fest, wenn ich sage: *Die Träger aller Erweckungsbewegungen waren niemals Bibelkritiker, sondern stets Männer Gottes, die ohne jedes Zugeständnis an die Bibelkritik die Offenbarung Gottes im Bibelwort verkündigten.* Und auch das ist eine durch nichts zu bestreitende Tatsache, daß die Kirchen nicht durch eine geisterfüllte, bibelgebundene Verkündigung, sondern durch die das Vertrauen zur ganzen Bibel untergrabende Bibelkritik leergepredigt worden sind, so daß heute nur noch höchstens (!) 5 Prozent aller getauften Kirchenglieder an den kirchlichen Gottesdiensten und Veranstaltungen teilnehmen. Wie sagt doch der Herr Jesus in Matthäus 7, 15–20 und 12, 33? Man lese diese Stellen mit Bedacht!

Der Sinn aller Theologie ist, die Pfarrer und Prediger und Missionare für einen gesegneten Dienst der Verkündigung des Evangeliums und der Seelsorge tüchtig zu machen. Die Theologie soll ein „Baum" sein, der diese „guten Früchte" bringt. Für jeden, der zu urteilen vermag, ist es erschütternd deutlich, daß der Baum der Theologie der Gegenwart weithin ein „kranker" bzw. ein „schlechter" Baum ist, der wahrhaftig keine guten, sondern schlechte Früchte bringt. Und das andere ist auch wahr: Nicht wenige von den Theologen, die heute das heranwachsende Pfarrer- und Predigergeschlecht mit ihren gott- und christus- und bibelfeindlichen Gedankenprodukten traktieren und die diese Gedankenprodukte predigen, meint der Herr Jesus, wenn Er sagt: „Seht euch vor vor den falschen Propheten, die in Schafskleidern zu euch kommen, inwendig aber sind sie reißende Wölfe. An ihren Früchten sollt ihr sie erkennen." Siehe auch Apostelgeschichte 20, 29. 30! Und weil nach dem prophetischen Wort Jesu unsere Endzeit ihr deutliches Gepräge vornehmlich durch die Tätigkeit falscher Propheten tragen wird (Matth. 24, 4. 5. 24), darum ist äußerste Vorsicht geboten. „Sehet euch vor!" sagt Jesus. Wir alle sind dadurch mitschuldig geworden, daß wir es an dieser Vorsicht haben fehlen lassen, daß wir es zugelassen haben bzw. daß wir nicht rechtzeitig laut und deutlich genug unsere Stimme dagegen erhoben haben, daß die Gedankenprodukte bibelkritischer Theologen und Prediger in breiter Öffentlichkeit gelehrt und gepredigt wurden.

Zum Schluß sei noch dies gesagt: Wenn sowohl von den radikalen als auch von den gemäßigten Bibelkritikern behauptet wird, nur durch die umfassende und gründliche historisch-kritische Bibelforschung und das Zugeständnis, daß „die Bibel auch in den Urschriften ein Buch voll von Irrtümern und Widersprüchen" sei, könne und werde unser Volk, das kein Verhältnis mehr zur Bibel habe, wieder an die Bibel herangeführt werden, dann beruht diese Meinung auf einem totalen Unvermögen, irrgeistige Bewegungen in ihren Auswirkungen zu beurteilen. Die nahe Zukunft wird es beweisen, daß das gerade Gegenteil der Fall sein wird. *Die historisch-kritische Theologie, die heute in nahezu allen theologischen Fakultäten unserer Universitäten gelehrt und von vielen Kanzeln unserer Kirchen gepredigt wird, wird das Trümmerfeld unserer Kirchen hoffnungslos vergrößern. Sie wird, im Gegensatz zu der früheren liberalen Theologie, die nur in verhältnismäßig geringem Maße das Kirchenvolk berührte, bis in die Provinzstädte und Dörfer vordringen, und alle, die mit Ernst Christen sein wollen, in frei- und nebenkirchliche Kreise und in die Sekten des Verderbens abdrängen. Für diese unheilvolle Entwicklung wird nicht zuletzt die radikale und gemäßigte Bibelkritik verantwortlich sein und bleiben.*

Friedrich Heitmüller

Die Herrlichkeit des Wortes Gottes

„Im Anfang war das Wort, und das Wort war bei Gott, und Gott war das Wort. Dasselbe war im Anfang bei Gott ... Und das Wort ward Fleisch und wohnte unter uns, und wir sahen seine Herrlichkeit, eine Herrlichkeit als des eingeborenen Sohnes vom Vater, voller Gnade und Wahrheit" (Joh. 1, 1–14).

„Im Anfang war das Wort." Das Wort ist das Erste. Es ist deshalb zugleich auch das Letzte. Es ist „das A und das 0, der Anfang und das Ende" (Offenb. 1, 8). „Das Wort war bei Gott, und Gott war das Wort". Das Wort war seit Ewigkeit bei Gott. Das Wort ist in der gleichen Weise ewig, wie Gott ewig ist. Das Wort ist Gott selber, der ewige Gott, „der Herr, der da ist und der da war und der da kommt, der Allmächtige" (Offenb. 1, 8).

Wir können nicht hinter das Wort zurück. Hinter dem Wort ist nichts zu suchen. Vor dem Wort, hinter dem Wort, neben dem Wort und nach dem Wort ist nichts. Das Wort ist Gott, Gott in seiner vollen Majestät, in seiner Ewigkeit, in seiner Allmacht, in seiner Weisheit, in seiner Herrlichkeit, in seiner Lichtfülle und seinem Glanz, in seiner Unnahbarkeit, „der Selige und allein Gewaltige, der König aller Könige und Herr aller Herren, der allein Unsterblichkeit hat, der da wohnt in einem Licht, da niemand zukommen kann, welchen kein Mensch gesehen hat noch sehen kann" (1.Tim.6,15f).

„Und das Wort ward Fleisch". O Wunder aller Wunder! Bricht der Himmel zusammen? Fällt der Himmel auf die Erde? – Nein, der Himmel bricht nicht zusammen! Aber der Himmel kommt auf die Erde! Gott verläßt den Himmel. Gott kommt auf die Erde. Gott wird Mensch. –

„Das Wort ward Fleisch". Damit ist noch mehr gesagt. Fleisch ist nicht der Mensch auf dem Höhepunkt seiner Entwicklung, in seiner Stärke, in seiner Kraftfülle, in seiner Weisheit, in seiner Erkenntnis, in seiner Reinheit, in seiner Tugend, auf dem Gipfel seiner Moral. Fleisch erinnert an Niedrigkeit. Fleisch steht im Gegensatz zum Geist. Fleisch erinnert an Sünde. Gott kommt in seinem Sohn in der „Gestalt des sündlichen Fleisches" (Römer 8, 3), in der „Gleichgestalt des Fleisches der Sünde". Ein Ausdruck, bei dem man eigentlich erschrecken muß! In der Gleichgestalt des Fleisches der Sünde? Der Sohn Gottes? –

Ja, der Sohn Gottes in der Gleichgestalt des Fleisches der Sünde! Freilich, auch jetzt ohne Sünde, ganz ohne Sünde! Nein, nicht die geringste Sünde tat er. Aber er kommt wirklich in das Fleisch, in das von der Sünde gezeichnete Fleisch, in das Fleisch, das wir nicht anders kennen als das Fleisch des Sünders. So wird der Sohn Gottes nicht nur Mensch. Vielmehr: er nimmt Knechtsgestalt an, die Knechtsgestalt des sündlichen Fleisches:

„Er nahm es nicht als einen Raub, Gott gleich zu sein, sondern entäußerte sich selbst und nahm

Knechtsgestalt an, ward gleich wie ein andrer Mensch und an Gebärden als ein Mensch erfunden" (Phil. 2,6 f.).

„Er schoß auf vor ihm wie ein Reis und wie eine Wurzel aus dürrem Erdreich. Er hatte keine Gestalt noch Schöne; wir sahen ihn, aber da war keine Gestalt, die uns gefallen hätte. Er war der Allerverachtetste und Unwerteste, voller Schmerzen und Krankheit. Er war so verachtet, daß man das Angesicht vor ihm verbarg; darum haben wir ihn für nichts geachtet" (Jes. 53).

Er kommt also in einer Gestalt, an der gegenüber anderen Menschen nichts Besonderes festzustellen ist. Man kann seine Göttlichkeit an seiner Gestalt nicht ablesen. Er trug keinen Heiligenkranz, wie ihn die Maler vielfach dargestellt haben. Er trug die Gestalt des sündlichen Fleisches, wodurch alle von Menschen erdachten Christusbilder gerichtet sind. Man kann seine Gottheit nicht beweisen. Die Juden haben sie bestritten. Die meisten haben nicht an ihn geglaubt, trotz seiner Wunder, trotz seiner Auferstehung. Er kommt in einer Gestalt, die der Mensch in jeder Beziehung auch anders deuten kann als die Gestalt Gottes, der er auch in dieser Gestalt ist. Man kann an ihm Anstoß nehmen. Man kann sich an ihm ärgern. Man muß sich eigentlich an ihm ärgern.

„Und wir sahen seine Herrlichkeit". Ein neues Wunder, ein zweites Wunder! Da sind Menschen, die auf einmal nicht mehr das Fleisch sehen, das Fleisch,

das alle Welt sieht, sondern die seine Herrlichkeit sehen, „eine Herrlichkeit als des eingeborenen Sohnes vom Vater, voller Gnade und Wahrheit". Wie ist das möglich? – Ein Wunder kann man nicht erklären. Ein Wunder kann man nur bezeugen. Es sind eben diejenigen, an denen Gott das Wunder tut, denen sich Gott selbst offenbart in seinem Sohn in seiner natürlichen Augen verborgenen Herrlichkeit. Es ist das Wunder der Wiedergeburt, das Wunder der Neugeburt. Es sind diejenigen, „welche nicht von dem Geblüt noch von dem Willen des Fleisches noch von dem Willen eines Mannes, sondern von Gott geboren sind". Sie dürfen in der ärgerlichen Knechtsgestalt den Sohn Gottes erkennen, ja, in dem Kindlein in der Krippe und in dem Mann am Kreuz. Sie dürfen seine Herrlichkeit sehen, die gerade in der Knechtsgestalt am wunderbarsten erstrahlt, die darin am hellsten leuchtet, daß er unsere Sünden auf sich nahm und uns seine Gerechtigkeit und Heiligkeit schenkte – aus Gnaden, nur aus Gnaden. Sie sehen seine Herrlichkeit in der gleichen Weise in seinem Leiden, in seinem Kreuz und in seiner Auferstehung. Sie sehen in der Gestalt des sündlichen Fleisches die Herrlichkeit des Sündlosen, die Herrlichkeit des sich niemals Irrenden, die Herrlichkeit des Barmherzigen und Gnädigen, die Herrlichkeit des Allmächtigen und Allweisen, die Herrlichkeit des Ewigen, die unbeschreibliche Herrlichkeit Gottes, voller Gnade und Wahrheit.

„Das Wort ward Fleisch ... und wir sahen seine Herrlichkeit". Die Herrlichkeit ist die Herrlichkeit des Wortes, die Herrlichkeit Gottes, die Herrlichkeit des

Vaters, die Herrlichkeit des Sohnes, die Herrlichkeit des Wortes Gottes.

Gott redet zu uns durch sein Wort. Jesus Christus ist das eine Wort Gottes. Nicht irgend ein Christus, sondern Jesus von Nazareth, der der Christus ist. „Jesus Christus, wie er uns in der Heiligen Schrift bezeugt wird, ist das eine Wort Gottes, das wir zu hören, dem wir im Leben und im Sterben zu vertrauen und zu gehorchen haben"

(Barmer Bekenntnis).

Gott redet zu uns durch Jesus Christus, wie er uns in der Heiligen Schrift bezeugt wird. Was wir über Jesus Christus wissen, wissen wir aus der Heiligen Schrift. Was Jesus Christus uns zu sagen hat, sagt er uns nicht irgendwo, nicht irgendwann, nicht durch „andere Ereignisse und Mächte, Gestalten und Wahrheiten" (Barmer Bekenntnis), nicht durch andere Bücher – was er uns zu sagen hat, sagt er uns durch sich selbst, durch sein eigenes Wort, durch die Heilige Schrift.

Die Heilige Schrift ist kein zweites Wort Gottes neben dem einen Wort Gottes, Jesus Christus. Die Heilige Schrift ist das eine Wort Gottes des einen Wortes Gottes, Jesus. Jesus Christus und die Heilige Schrift gehören zusammen. Sie lassen sich nicht voneinander trennen. Jesus Christus ohne die Heilige Schrift – das ist der unbekannte Gott, ein unbekanntes Schicksal; von ihm wissen wir nichts; mit ihm können wir nichts anfangen. Die Heilige Schrift ohne Jesus Christus – das ist ein Buch wie jedes andere Buch; ein rätselhaftes Buch, ein dunkles Buch, ein Buch mit toten Buchstaben. Jesus Christus und die Heilige Schrift gehören untrennbar zusammen.

So hat die Heilige Schrift Anteil an der Knechtsgestalt Jesu Christi und an seiner Herrlichkeit. Wir reden bewußt von der Knechtsgestalt der Heiligen Schrift. Die Heilige Schrift ist von Menschen geschrieben, von Menschen wie wir, von Menschen, die Fleisch sind, die Sünder sind. So trägt die Heilige Schrift wie der Sohn Gottes selber „die Gestalt des sündlichen Fleisches". Sie hat keine „schöne Gestalt". Sie hat keine „Gestalt, die uns gefallen hätte". Sie ist das „allerverachtetste und unwerteste" Buch. Sie ist so verachtet, „daß man das Angesicht vor ihr verbirgt". Sie hat eine Gestalt, an der gegenüber anderen Büchern nichts Besonderes festzustellen ist. Man kann ihre Göttlichkeit nicht an ihrer Gestalt ablesen. Man kann ihre Göttlichkeit bestreiten. Man kann sie bestreiten trotz der Wunderwirkungen, die durch die Jahrtausende von ihr ausgegangen sind. Man kann an ihr Anstoß nehmen. Man kann sich an ihr ärgern. Man muß sich eigentlich an ihr ärgern.

„Wir sahen seine Herrlichkeit". Ein drittes Wunder, das im Grunde mit dem zweiten Wunder identisch ist. Da sind auf einmal Menschen, die nicht mehr bei der Knechtsgestalt der Bibel stehen bleiben und sich dabei aufhalten, sondern die die Herrlichkeit der Heiligen Schrift sehen, weil sie Jesus Christus in ihr und durch sie und mit ihr sehen.

Wir dürfen in der ärgerlichen Knechtsgestalt der Bibel die Herrlichkeit des Wortes Gottes sehen und hören, die Abglanz der Herrlichkeit des eingeborenen Sohnes vom Vater selber ist. Die Heilige Schrift hat nicht nur Anteil an der Knechtsgestalt Jesu Christi, sie hat in der gleichen Weise Anteil an seiner Herrlichkeit. Es ist höchst mißverständlich, wenn man heute weithin immer von der Knechtsgestalt der Bibel spricht, ohne zugleich von ihrer Herrlichkeit zu sprechen.

Die Einheit von Knechtsgestalt und Herrlichkeit der Heiligen Schrift aber bedeutet, daß die Heilige Schrift als das eine Wort Gottes des einen Wortes Gottes, Jesus, inmitten ihrer Niedrigkeit und inmitten ihrer Gestalt des sündlichen Fleisches das in jeder Beziehung zuverlässige und irrtumslose Wort Gottes ist, dem wir in gleicher Weise wie dem Sohn als dem Wort des Sohnes „im Leben und im Sterben zu vertrauen und zu gehorchen haben" (Barmer Bekenntnis). Wie der Sohn trotz seiner „Gestalt des sündlichen Fleisches" ohne Sünde war und wir ihm bedingungslos zu vertrauen und zu gehorchen haben, so ist die Heilige Schrift trotz ihrer Knechtsgestalt, trotz ihrer Gestalt des sündlichen Fleisches ohne Sünde, ohne Irrtum, ohne Trug, und so können und dürfen und sollen wir ihr bedingungslos vertrauen und gehorchen. Im bedingungslosen Vertrauen und Gehorchen erfahren wir etwas von der Herrlichkeit des Wortes Gottes, des einen Wortes Gottes, Jesus Christus, und des einen Wortes dieses Jesus Christus, der Bibel. Die Herrlichkeit des Wortes Gottes bezeugen, rühmen und preisen zur

Ehre Gottes – das ist unser Auftrag in dieser Welt. Diener am Wort und damit Zeuge von der Herrlichkeit des Wortes Gottes sein, ist die höchste Berufung.

Heinrich Jochums

Die falschen Propheten

„Sehet euch vor vor den falschen Propheten, die in Schafskleidern zu euch kommen, inwendig aber sind sie reißende Wölfe. An ihren Früchten sollt ihr sie erkennen" (Matth. 7, 15. 16)

Der Umgang mit der Bibel, der Blick ins Leben und in die Geschichte der Kirche haben mich immer wieder gelehrt, was Jesus meint, wenn er sagt: „An ihren Früchten sollt ihr sie erkennen". Es hat in der Menschheitsgeschichte, in der Geschichte des Volkes Israel und der Christenheit immer wieder sehr viele und lange Dürrezeiten gegeben. Diese Dürrezeiten fingen an, als für Adam und Eva nicht mehr galt: „So spricht der Herr", als der alten Schlange der Einbruch ins Menschenherz gelang mit den Worten: „Sollte Gott gesagt haben?". Dieser Einbruch ist der alten Schlange immer wieder gelungen und gelingt ihr auch heute. Unter „Früchten" meint Jesus Ewigkeitsfrüchte. Diese gibt es aber nur dort, wo echte biblische Bekehrungen gewirkt werden. Diese ereignen sich aber nur, wenn der Mensch dem Worte Gottes uneingeschränktes Vertrauen entgegenbringt.

Wo Israel dies tat, waren Segenszeiten, wo Israel dem Worte Gottes kein volles Vertrauen entgegenbrachte, traf Gottes Fluch statt des Segens das Volk. Das ging bis zu Jesu Erdenwirken so und ist bis heute so geblieben. Die Pharisäer und Schriftgelehrten erkannten die Bibel des Alten Testaments als Gottes Wort an, aber lehnten Jesus als Sohn Gottes ab, erkannten in ihm nur einen Menschen. Wo eins von beiden kritisiert wird, die Bibel oder Jesus, da kommt statt Segen Fluch von Gott. Denn beide werden in der Bibel das Wort Gottes genannt. Wir haben eins nicht ohne das andere. Wir haben Jesus nicht ohne die Bibel und die Bibel nicht ohne Jesus.

Es gibt einen geheimen Segensstrom, der sich durch die Menschheits- und Kirchengeschichte zieht: Das ist die kleine Schar derer, die als töricht gilt vor der Welt, die aber Gott erwählt hat, auf daß er die Weisheit dieser Welt zuschanden mache.

Jesus sagt: „Wer an mich glaubt, wie die Schrift sagt, von des Leibe werden Ströme lebendigen Wassers fließen".

Es sind die schlichten Leser und Beter in aller Welt, die ihre Bibel lesen und darin hören: „So spricht der Herr", die nicht daran deuteln, die sich das Wort so sagen lassen wollen, wie es dasteht. Es sind Leute, die wissen: sollte irgendwo von Irrtümern und Fehlern die Rede sein, dann können es nur unsere eigenen Irrtümer, Fehler und Sünden sein. Es sind die Leute, die es mit dem Elberfelder Pastor, Dr. Hermann Friedrich Kohlbrügge, halten, wenn er fragt: „Was ist die Heilige Schrift?". Antwort: „Gottes Wort ganz und gar, von dem ersten Verse des 1. Buches Mose bis zu dem letzten Verse der Offenbarung des Johannes".

Wir wollen getrost so rückständig und primitiv bleiben, dasselbe auch heute zu glauben. Wir befinden uns dabei in der besten Gesellschaft, nämlich der Erwählten und Gläubigen aller Zeiten. Jesus spricht: „An ihren Früchten sollt ihr sie erkennen".

Paul Wetter

Antichristen aus der Gemeinde – und das Wort

Dem Wortlaut nach wird der Antichrist (= Widerchrist) in der Bibel nur erwähnt 1. Joh. 2, 18 und 22; 1. Joh. 4, 3; 2. Joh. 7. Dem Inhalt nach aber sprechen zahlreiche Stellen davon, besonders 2. Thess. 2, die Kapitel 13, 17 und 19 der Offenbarung sowie die endzeitlichen Reden Jesu Matth. 24 (Parallelen).

Würde man in der christlichen Gemeinde einmal nachfragen, welche Bibelstelle für die Bibelleser wohl die wichtigste Aussage über den Antichristen enthalte, würde er wahrscheinlich zumeist verweisen auf das Tier von Offenbarung 13 samt seinem Helfershelfer, dem „anderen Tier" (dem „falschen Propheten"). Fraglos ist diese Textstelle sehr wichtig; man sollte das Kapitel eigentlich auswendig kennen. Aber der Versuch, der Frage nach dem Wesen des Antichristen nur von dieser Seite her näher zu kommen, führt notwendigerweise zu Einseitigkeiten, weil stets die Schrift in ihrer Gesamtheit betrachtet werden will. Offenbarung 13 verleitet uns zu gern, das Tier einer antichristlichen Persönlichkeit menschlicher Prägung gleichzusetzen, die eben ihren dämonischen Gehilfen habe in dem „falschen Propheten". Von daher waren immer wieder dämonische Persönlichkeiten der Geschichte vonseiten ihrer christlichen Zeitgenossen einer Deutung ausgesetzt, die nun gerade in diesem oder jenem Menschen die Verkörperung des Antichristen sehen wollte. Das galt für diesen oder jenen römischen

Kaiser, diesen oder jenen Papst, das galt für einen Robespierre und Lenin, einen Stalin und Hitler. So fraglos richtig die Beobachtung war, daß es sich bei den Genannten um Vertreter besonderer antichristlicher Prägung handelte, so war doch diese Deutung jeweils zugleich auch eine Fehldeutung. Nun – die Gegenwart verzeiht solchen Fehldeutern früherer Generationen.

Aber meint die Gegenwart doch nicht ebenfalls, anhand von Offb. 13, zwar für einen anderen Zeitpunkt, aber eben doch mit der personhaften Ausprägung einer antichristlichen Führungsspitze rechnen zu dürfen oder zu müssen, die schließlich von dem wiederkommenden Gottessohn vernichtet werden kann?

So fraglos es feststehen dürfte, daß – entsprechend der Schrift – der antichristliche Geist zunimmt in dem Maße, als der Tag der Wiederkunft Christi sich naht, scheint mir doch keineswegs erwiesen, daß die personhaften Andeutungen über den Antichristen (das „Tier" in Offb. 13 usw. oder das „Kind des Verderbens", der „Widersacher", der „Boshafte" in 2. Thess. 2) dazu ausreichen, die antichristliche Macht in personhaft-greifbarer Führungsspitze, die eine Einzelpersönlichkeit darstellen müßte, zu erwarten. Alle Macht wird zwar stets in hervorragenden Menschen ihren Ausdruck finden; aber es könnte der Gemeinde geradezu zur Einschläferung oder zur Verwirrung gereichen, wollte man sich darauf beschränken, den Antichristen zu erwarten. Wir sollten es unserem alten Menschen und dem Teufel, der

der Vater aller Antichristlichkeit ist, nicht so leicht machen. Wir würden vielleicht dem antichristlichen Geist erliegen, bevor wir ihn „erkannt" hätten.

Jedenfalls ist die Betrachtung über das Auftreten des Antichristen nicht zu trennen von den genannten Stellen des 1. Johannes-Briefes. Es mag uns stören; aber es wird dort deutlich zweierlei gesagt: 1. es wird gesprochen von dem Antichrist in der Mehrzahl; 2. es wird festgestellt, daß die Antichristen aus der Gemeinde kommen (Kap. 2, 18 und 22). – Es muß also – bereits seit der ersten Christenheit – mit der Tatsache gerechnet werden, daß antichristlicher Geist sich bevorzugt bei Menschen findet, die der Form nach zur Gemeinde gehören; und den Anspruch der Gemeindezugehörigkeit halten sie aufrecht, auch nachdem der antichristliche Geist von ihnen Besitz ergriffen hat.

Es ist dabei nicht statthaft, die Mehrzahlform für den antichristlichen Geist zu übersehen oder zu bagatellisieren als nur erstchristliche Erkenntnis. Vielmehr müssen wir von 1. Joh. 2 aus bereit sein, den Gedanken an die antichristliche Einzelpersönlichkeit (veranlaßt durch Offb. 13 und 2. Thess. 2) uns spezifizieren zu lassen als Ausdruck des antichristlichen Geistes, der allerdings, ebenso wie der biblisch bezeugte Heilige Geist, eine Einheit darstellt (vgl. 1. Kor. 12), wenngleich er von den verschiedensten Menschen Besitz ergreift, wobei fraglos einige Menschen wiederum herausragend sein werden durch dämonische Konzentration. –

Es könnte ebenfalls zur Verwirrung führen, wollten wir außer acht lassen, daß die Herkunft der antichristlichen Menschen in der Gemeinde zu suchen ist. Wie sollte es sonst möglich sein, daß solche antichristlich Besessenen sich als Ausdruck gerade des Geistes Christi bezeichnen (vgl. Matth. 24, 23 u. 24). Gerade der Umstand der Herkunft antichristlicher Menschen aus der Gemeinde bedeutet die eigentliche Gefährdung der Gemeinde, der gegenüber die versuchlichen Nöte äußerer Verfolgungen ein Geringes sein dürften.

Die Herkunft aus der Gemeinde wird schließlich den antichristlichen Geist auch als Ausdruck einer Theologie glaubwürdig zu machen suchen. Wir sollten nicht von antichristlichem Geiste sprechen, ohne 1. Joh. 4 zu beachten. Der antichristliche Geist wird Vers 3 so gekennzeichnet: „ein jeder Geist, der da nicht bekennt, daß Jesus als der Christus (= Gottessohn) ist in das Fleisch gekommen, der ist nicht von Gott. Das ist der Geist des Antichrists, von welchem ihr habt gehört, daß er kommen werde, und er ist jetzt schon in der Welt".

Zur Grundlage der „Theologie" des Antichristen gehört also, daß die Gottessohnschaft Jesu abgelehnt wird; es kann bei seinem „Evangelium" nicht zu finden sein, was die Schrift Menschwerdung des Gottessohnes nennt, also das Geheimnis des Messias, des Christus. Jesus nur ein Mensch! Dabei ist beachtlich, daß es Vers 3 nicht einmal heißt: „der da leugnet" (was die moderne neuliberale Theologie unternimmt), sondern es genügt bereits die Formulierung: „der da nicht bekennt" (kann auch bedeuten: „der da nicht zugibt"). Schon das Nichtbekennen, Nichtglauben der Gottessohnschaft Jesu, seiner Fleischwerdung ist Kennzeichen antichristlichen Geistes. Wir sehen also, in welcher theologischen Lage unsere Landeskirche mit ihrer streckenweise christuslos gewordenen Theologie sich befindet. Christuslosigkeit wird Kennzeichen dann besonders der antichristlichen Endkirche sein, die eben auch „Kirche" sein will; dadurch wird sie verführerischer als aller offen verkündigte Atheismus.

Doch besteht eine letzte Möglichkeit antichristlicher Verführungskunst: es könnte jemand erklären, daß für ihn die Gottessohnschaft Jesu gültig sei; dennoch könnte seine „Theologie" ein Ausdruck antichristlichen Geistes sein. Denn die Fleischwerdung des Gottessohnes ist auch die Fleischwerdung des „Wortes": „Das Wort ward Fleisch" (Joh. 1, 14). Es geht um das Wort, von dem es heißt (Joh. 1, 1): „Im Anfang war das Wort ... und Gott war das Wort". Das Wort Gottes ist nicht zu trennen von der Fleischwerdung des Gottessohnes, und es kann nicht gültig die Gottessohnschaft Jesu bezeugt werden, wenn nicht die Bibel Gottes Wort ist als Ausdruck der Fleischwerdung des „Wortes" (2. Petr. 1, 19: „Wir haben desto fester das prophetische Wort“ und 2. Petr. 1, 21: „Es ist noch nie eine Weissagung hervorgebracht worden aus eigener Möglichkeit, sondern die heiligen Menschen Gottes haben geredet, getrieben von dem heiligen Geist“).

„Wo dein Wort nicht mehr soll gelten,
worauf soll der Glaube ruhn?
Mir ist nicht um tausend Welten,
aber um dein Wort zu tun.“

Die Bibel als Gottes untrügliches, unfehlbares Wort! Mit großer Freude entdeckte diesen Schatz die Reformation erneut. Mit dankbarem Jubel haben es Christen bis zur Stunde als ihr kostbarstes Gut bezeugt. Um der Bibel willen verließen z. B. die protestantischen Österreicher damals ihre Heimat, – ließen die Hugenotten in Frankreich, wenn es darauf ankam, ihr Leben!

Es geht nicht an, daß in der Bibel *„auch* Gottes Wort“ gefunden werde (andere finden dann *„auch* Gottes Wort“ bei Goethe und Kafka). Es ist gewiß notvoll, daß in früheren Zeiten bei der an sich ungemein gewissenhaften Abschreibetätigkeit sich doch hier und da ein Abschreibfehler eingeschlichen hat, der heute uns Schwierigkeiten machen kann. Doch haben wir daran festzuhalten, daß die Bibel in ihrer ursprünglichen Form, als Eingebung an Menschen prophetischen (Altes Testament) und apostolischen (Neues Testament) Geistes, unfehlbar ist. Wir dürfen auch heute noch in der Bibel das Wort Gottes greifen; der nach Rettung verlangenden Seele wird die Bibel sich offenbaren.

Daß der Entgottete die Bibel sich zum Gericht lesen kann, würde nur dem Evangelium entsprechen, das für die einen ein „Geruch das Lebens zum Leben“ ist, für die anderen ein „Geruch des Todes zum Tode“ bedeutet, wobei (vgl. 2. Kor. 2, 15–17) bezeichnenderweise zu dieser Kennzeichnung der Wirkung der frohen Botschaft der Apostel ergänzt: „Wir sind nicht wie die vielen, die Gottes Wort verfälschen". Und wo es für uns heute dunkle Stellen im Text der Heiligen Schrift geben sollte, wollen wir es mit Luther halten: „So nehme ich mein Hütlein ab und gehe vorüber".

Wo die Bibel als Gottes Wort nicht ernstgenommen wird, wird auch Jesus als das fleischgewordene Wort Gottes nicht ernstgenommen. Zwischen dieses Junktim, diese unauflösliche Verbindung, einen Keil zu treiben, ist die – wie oben gesagt – letzte und gefährlichste List des aus der Gemeinde kommenden antichristlichen Geistes. Und je weiter die Zeiten fortschreiten, umso mehr wird die gläubige Gemeinde, der kleine Rest, von derlei Versuchungen seitens gewisser, aus der Gemeinde kommender, vielleicht sogar namhafter, theologischer Kräfte antichristlicher Ausrichtung innerlich bedrängt werden. Da werden auch wir wahrscheinlich noch einiges zu bestehen haben. „Es hat euch noch keine denn menschliche Versuchung betreten; aber Gott ist getreu, der euch nicht läßt versuchen über euer Vermögen" (1. Kor. 10, 13).

Bleiben wir an das Wort gebunden, so bleiben wir auch an den Fleischgewordenen gebunden. Hier gilt Kohlbrügges Wort: „Bleibst du am Wort, so bleibst du, wo das Wort bleibt". Und das Wort ist der Herr selbst, – derselbe gestern, heute und in Ewigkeit.

Antichristen aus der Gemeinde – und das Wort. Das Tier aus dem Meer wie das Tier aus der Erde (Offb. 13) werden zu verstehen sein als zentraler Angriff des theologischen antichristlichen Geistes, dem allerdings die (auch politischen) Mächte dieser Erde sich zur Verfügung stellen. Der antichristliche Geist wird große Erfolge haben, so daß die Beseitigung des Gemeinderestes nur noch Sache eines kleinen Griffes zu sein scheint. Aber: „Es kennt der Herr die Seinen“ und die Pforten der Unterwelt werden die wahre Gemeinde nicht beseitigen.

Horst Thurmann

Die Bedrohung unserer christlichen Existenz

„Ihr sollt nicht wähnen, daß ich gekommen bin, das Gesetz oder die Propheten aufzulösen; ich bin nicht gekommen, aufzulösen, sondern zu erfüllen. Denn ich sage euch wahrlich: bis daß Himmel und Erde vergehe, wird nicht vergehen der kleinste Buchstabe noch ein Tüpfelchen vom Gesetz, bis daß es alles geschehe" (Matth. 5, 17. 18).

Leben aus Gott – das möchten wir haben. Das müssen wir haben. Ohne Leben aus Gott verschmachten und verdursten wir, sind wir verloren, ewig verloren. Leben aus Gott wird uns zuteil unter dem Kreuze Jesu. Leben aus Gott empfangen wir in der Wiedergeburt im Glauben an Jesus als unseren Herrn und Retter. Haben wir Leben aus Gott? –

Leben aus Gott wird durch mancherlei gefährdet, verhindert oder zerstört. In dem vorangestellten Schriftwort werden wir auf eine besondere Gefahr hingewiesen. Die besondere Gefährdung alles Lebens aus Gott ist eine doppelte: Verachtung des Gesetzes und Kritik an der Heiligen Schrift. Beides hängt eng miteinander zusammen. Durch beides wird das Leben aus Gott zerstört.

Erstens: Verachtung des Gesetzes zerstört das Leben aus Gott

Unter der Predigt Jesu gab es eine große Bewegung. Es entstand Leben aus Gott. „Denn er predigte gewaltig und nicht wie die Schriftgelehrten“. Da weist der Herr seine Jünger auf eine drohende Gefahr hin: „Ihr sollt nicht wähnen, daß ich gekommen bin, das Gesetz oder die Propheten aufzulösen; ich bin nicht gekommen, aufzulösen, sondern zu erfüllen“. Jesus löst das Gesetz nicht auf. Im Gegenteil: er bestätigt es.

1. Jesus bestätigt das Gesetz, indem er es erfüllt.

Wir würden unseren Herrn ganz und gar falsch verstehen, wenn wir ihn in irgend einem Gegensatz zum Gesetz sähen. Aber scharf hat er sich gewandt gegen eine falsche, oberflächliche Auslegung des Gesetzes. Scharf hat er sich ebenso gegen diejenigen gewandt, die angaben, es zu erfüllen, und es dann doch nicht taten. Er selbst aber ward seinem Vater und dem Gesetz seines Vaters gehorsam in allen Stücken, gehorsam bis zum Tode am Kreuz, und hat in allen Stücken das Gesetz nach seinem tiefsten Sinn vollkommen erfüllt und damit für immer die Autorität des Gesetzes bestätigt.

2. Jesus bestätigt zugleich das Gesetz, indem er seine Jünger an das Gesetz bindet.

Das Gesetz gilt, solange diese Welt besteht: „Denn ich sage euch wahrlich: Bis daß Himmel und Erde vergehe, wird nicht vergehen der kleinste Buchstabe noch ein Tüpfelchen vom Gesetz, bis daß es alles geschehe“.

Alles, was im Alten Testament geschrieben steht, gilt. Die 10 Gebote gelten. Das Gebot, daß wir Gott allein die Ehre geben sollen, gilt. Das Gebot über die Heiligung des Feiertags gilt. Ebenso das Gebot über die Ehe und das Reden der Wahrheit. Keines der Gebote ist aufgehoben. Nicht einmal das Zeremonialgesetz des Alten Bundes hat seine Bedeutung verloren. Zwar ist der Vollzug vieler Zeremonien außer Gebrauch gesetzt, da an die Stelle des Schattens das Wesen selbst in Jesus Christus getreten ist. An die Stelle der alttestamentlichen Opfer z. B. ist das eine Opfer Jesu Christi am Kreuz getreten. Aber der ewige Sinn der Opfer und aller Zeremonien des Alten Bundes bleibt bestehen. Ja, von der Erfüllung in Jesus Christus her gesehen, verstehen wir jetzt die Zeremonien des Alten Bundes noch viel besser, als die Juden sie verstanden haben, und ist uns so das Alte Testament heute noch viel wertvoller, als es unseren Glaubensvätern im Alten Bund gewesen ist.

Nein, wir können das Gesetz nicht in eigner Kraft erfüllen. Wir kommen auch nicht durch die Erfüllung des Gesetzes in den Himmel, sondern allein durch den Glauben an den Herrn Jesus. Paulus hat Jesus richtig verstanden, wenn er schreibt: „So halten wir nun dafür, daß der Mensch gerecht werde ohne des Gesetzes Werke, allein durch den Glauben“ (Römer 3, 28). Aber wenn nun einer sagt: „Wie? Heben wir denn das Gesetz auf durch den Glauben?“, so antwortet Paulus: „Das sei ferne! Sondern wir richten das Gesetz auf“ (Vers 31). Auch er bestätigt in Übereinstimmung mit seinem Herrn die Gültigkeit des Gesetzes.

Wir haben uns ständig vor einem doppelten Mißverständnis der Heiligen Schrift zu hüten: Auf der einen Seite gibt es Menschen, die meinen, wenn sie die Vorschriften des Gesetzes beachten, dann sei alles in Ordnung. Wenn sie nach der Lehre der 10 Gebote oder nach der Lehre Jesu lebten, dann könnten sie das Ziel nicht verfehlen. Ihnen müssen wir sagen: Das ist ein großer Irrtum! Bindung an das Gesetz ist noch keine Nachfolge Jesu. Mit all eurer Gerechtigkeit, mit all eurem guten und löblichen Eifer, in den Geboten Gottes zu wandeln, mögt ihr zur Hölle fahren! „Denn ich sage euch: Es sei denn eure Gerechtigkeit besser als die der Schriftgelehrten und Pharisäer, so werdet ihr nicht in das Himmelreich kommen“ (Matth. 5, 20).

Auf der anderen Seite gibt es Leute, die diesen Irrtum wohl erkannt haben, die wissen, daß es darauf ankommt, daß wir Jesus selbst haben, aber die darüber nun das Gesetz vergessen. Ihnen müssen wir ebenso scharf wie den anderen sagen: Gesetzlose Bindung an die Person Jesu ist ebenfalls keine Nachfolge! Gesetzlose Bindung an die Person Jesu ist Schwärmerei. Es ist nicht möglich, dem Herrn Jesus anzugehören und dabei das Gesetz zu verachten. Man kann nicht dem Herrn Jesus angehören und gleichzeitig zur Welt schielen! Man kann nicht dem Herrn Jesus angehören und gleichzeitig Ehebruch treiben! Man kann nicht dem Herrn Jesus angehören und es gleichzeitig mit der Wahrheit nicht genau nehmen! Man kann nicht dem Herrn Jesus angehören und gleichzeitig in der Welt alles mitmachen, überall dort sein, wo die Kinder der Welt sind! Man kann nicht dem Herrn Jesus angehören und dem Worte Gottes fern bleiben! Man kann nicht dem Herrn Jesus angehören und eigene Ehre suchen! Gottes Gebot bleibt bestehen, das Gebot über die Heilighaltung der Ehe, das Gebot über die Ehre gegen Vater und Mutter, das Gebot über den Mißbrauch des Namens Gottes, das Gebot über die Heiligung des Feiertags und jedes andere Gebot.

Es muß hier ganz eindeutig gesagt werden: Da mögen Menschen hundertmal bekehrt sein, da mögen Menschen hundertmal sich einbilden, Jesus zu haben, wenn sie die Gebote Gottes nicht beachten, dann gebe ich nichts um ihre „Bekehrung“. Dann ist ihre „Bekehrung“ nicht echt. Dann ist ihre „Bekehrung“ eine Scheinbekehrung. Dann werden diese „Bekehrten“ ebenso zur Hölle fahren wie die Kinder der Welt. Solche „Bekehrung“ sichert dir nicht den Himmel. Wenn du nicht wahrhaft wiedergeboren bist durch den Geist Gottes, dann hilft alles nichts. Wenn du aber durch den Geist Gottes wiedergeboren bist, dann wirst du auch Lust und Liebe haben zu Gottes Wort und anfangen – ich sage ausdrücklich anfangen –, nach den Geboten Gottes zu leben.

3. Jesus bestätigt zugleich das Gesetz, indem er seinen Jüngern selbst die Erfüllung des Gesetzes schenkt.

Er schenkt sie den Seinen nicht nur, indem er ihnen seine Gerechtigkeit und Heiligkeit, die er am Kreuz für uns erworben hat, anrechnet und zurechnet, sondern auch praktisch, indem es sich in seiner Nachfolge ereignet, daß ein Sünder, der nicht in der Lage ist, das Gesetz zu tun, nun dennoch durch die Wirkung seines Geistes anfängt, nicht nur nach einigen, sondern nach allen Geboten Gottes zu wandeln.

Da antwortet man mir: „Aber es steht doch geschrieben: ‚Der Buchstabe tötet, aber der Geist macht lebendig'". – Ja, so steht's geschrieben 2. Kor. 3, 6, und so ist es wahr. Eben diesen Buchstaben haben wir nötig, daß wir sterben. Unter dem Gesetz geht's in den Tod, und neues Leben gibt es nur im Sterben. Wo der Buchstabe allein bleibt ohne den Geist, ohne die Totenerweckung durch Gottes Heiligen Geist, da ist nur Gericht. Wo aber der Mensch sich durch den Buchstaben richten läßt, da ist Jesus bereit, durch seinen Geist Leben aus Gott zu schenken. Dieses Leben aus Gott aber zeigt sich darin, daß der Mensch anfängt, nach den

Geboten Gottes zu wandeln, ja, jeden Buchstaben des Gesetzes Gottes ernstzunehmen.

4. Wo Menschen das Gesetz Gottes verachten, geraten sie in lauter Schwärmereien.

Das Leben aus Gott wird zerstört. Wenn mit der Geschichte des Reiches Gottes auf das engste die Geschichte von allerlei Schwärmereien verbunden ist, dann hängt das damit zusammen, daß Menschen, die Leben aus Gott empfangen hatten, auf einmal glaubten, ohne das Gesetz auskommen zu können. Vor dieser Gefahr will der Herr uns hier eindringlich warnen. Verachtung des Gesetzes zerstört das Leben aus Gott.

Zweitens: Ebenso wird das Leben aus Gott zerstört, wo Kritik an der Heiligen Schrift geübt wird.

Jede Kritik an der Heiligen Schrift zerstört das Leben aus Gott. Es geht in dem oben zitierten Wort ja nicht nur um das Gesetz im engeren Sinn, sondern überhaupt um die Heilige Schrift bzw. zunächst um das Alte Testament. „Gesetz und Propheten" – das war ein stehender Ausdruck für die heiligen Schriften bzw. für das Alte Testament. Die ganze Heilige Schrift gilt, ohne jeden Abstrich. Es steht hier ein ungeheuer scharfes Wort: „Denn ich sage euch wahrlich: Bis daß Himmel und Erde vergehen, wird nicht vergehen der kleinste Buchstabe noch ein Tüpfelchen vom Gesetz, bis daß es alles geschehe". Nach dem Evangelium des Lukas hat Jesus es sogar einmal noch schärfer gesagt: „Es ist aber leichter, daß Himmel und Erde vergehen, als daß ein Tüpfelchen vom Gesetz falle" (Luk. 16, 17). *Es geht also nicht nur um die Abwehr einer mehr oder weniger radikalen Bibelkritik, wie sie heute weithin auf uns zukommt, sondern vielmehr um die Abwehr auch der allergeringsten Kritik an der Bibel, zu der wir viel zu lange geschwiegen haben.* Es geht um jedes einzelne Wort der Bibel, ja, um jeden einzelnen Buchstaben. Es geht nach dem Wort des Herrn selbst um ein Tüpfelchen, d. h. ein Strichlein, ein Stück eines Buchstabens!

Ich trete jetzt nicht für eine alte oder neue Inspirationstheorie ein. Es kommt nicht auf diese oder jene Theorie an. Aber *es geht um das Festhalten an der vollen und ganzen Autorität der ganzen Heiligen Schritt, um jeden einzelnen Satz, um jedes einzelne Wort, ja, um jeden Buchstaben.*

Man mag uns für rückständig halten, man mag uns für unwissenschaftlich erklären, man mag uns als borniert und stur bezeichnen, man mag uns Fundamentalisten oder Anhänger der Verbalinspiration nennen, man mag uns für unbrüderlich halten, wenn wir uns gegen jede Kritik an der Bibel wehren, man mag uns für unmögliche Theologen halten, das interessiert mich nicht. Ich kann keine andere Stellung zur Heiligen Schrift einnehmen, als sie mein Herr und Meister Jesus Christus selbst eingenommen hat.

Natürlich glaube ich nicht an die Unfehlbarkeit der Luther-Übersetzung. Ich glaube nicht an eine bestimmte Übersetzung, auch nicht an die Unfehlbarkeit dieser oder jener alten Handschrift. Aber ich glaube, daß die biblischen Texte, wie sie ursprünglich von Gott durch seinen Heiligen Geist eingegeben worden sind, unfehlbar sind. Mit keinem einzigen Wort hat unser Herr Jesus sich jemals gegen irgend ein Wort des Alten Testamentes gewandt. Er hat stets mit tiefster Ehrfurcht das Alte Testament als das ewig gültige Wort Gottes betrachtet. Er hat im Alten Testament gelebt als in der einen Schrift, die Gott gegeben hat. Er sagt ausdrücklich: „Die Schrift kann doch nicht gebrochen werden" (Joh. 10, 35). „Himmel und Erde werden vergehen; aber meine Worte" – die Worte Jesu ebenso wie die Worte seines Vaters im Alten Bund – „werden nicht vergehen" (Matth. 24, 35).

Ja es geht um den Buchstaben. Man mag uns ruhig buchstabengläubig nennen. Wir wissen, daß wir nicht durch den Buchstaben in den Himmel kommen, ebenso wenig, wie wir durch das Halten des Gesetzes in den Himmel kommen. Man kann den Buchstaben haben und doch zur Hölle fahren, wie man das Gesetz haben kann und doch dabei verloren gehen kann.

Aber ebenso gilt es umgekehrt: Wo Leben aus Gott entsteht, lebt es zuletzt nicht ohne Bindung an die Heilige Schrift, ohne Bindung an das Wort und an den Buchstaben. Wo Leben aus Gott war und man die Bindung an die Heilige Schrift, ja, an das Wort, das geschrieben steht, aufgab oder auch nur lockerte, geriet man immer wieder in alle möglichen Schwärmereien. Davon zeugt die Geschichte der christlichen Kirchen und die Geschichte zahlreicher christlicher Bewegungen.

Nun sage mir keiner: „Aber ich habe doch Jesus. Was brauche ich da noch die Bibel? Was brauche ich da noch den Buchstaben?“ Ich antworte: Ja, wenn du Jesus hast, dann hast du alles. Aber bilde dir nur nicht ein, du hättest Jesus, wenn du nicht die Bibel hast, wenn du nicht sein Wort hast. Das ist eben die Frage, ob du wirklich Jesus hast oder ob du dich täuscht. Jedenfalls kann man nicht Jesus haben, ohne zugleich die Heilige Schrift zu haben. *Jesus haben wollen, ohne sein Wort ganz ernstzunehmen, ist Schwärmerei.*

Wir wollen uns durch die Heilige Schrift vor der doppelten Gefährdung des Lebens aus Gott, der Verachtung des Gesetzes und der Kritik an der Bibel, eindringlich warnen lassen. Ich für meine Person möchte es jedenfalls bekennen, daß ich die Mahnungen des Gesetzes täglich nötig habe und daß ich ohne den Glauben an die volle, ganze Autorität der ganzen Heiligen Schrift, ohne den Glauben an die Wahrheit jedes Wortes und jedes Buchstabens der Bibel keinen Halt und keinen Trost habe und nicht leben kann.

Ich glaube an meinen Herrn Jesus Christus, und deshalb glaube ich an Sein Wort und Sein Gesetz. Ich glaube an meinen Herrn Jesus Christus, den für mich gekreuzigten und auferstandenen und wiederkommenden Herrn, und deshalb glaube ich, daß alles, was in der Bibel, in Seinem Wort, geschrieben steht, wahr ist, unfehlbar und irrtumslos.

Es macht sich in unserem Volk und in zahlreichen Ländern der Welt eine neue Weltanschauung breit und breiter: Der Nihilismus. Nihilismus heißt Glaube an Nichts. *Der Nihilismus steht auch vor den Toren der Kirchen und Gemeinschaften. Satan greift auch nach ihnen. Wo die Autorität der Gebote Gottes und die Autorität der ganzen Heiligen Schrift untergraben wird, da bricht alles zusammen. Da bleibt zuletzt nichts, der Glaube an nichts. Es ist höchste Gefahr!*

Heinrich Jochums

Die neue „Evangelikale-Correctness“

„Evangelikale-Correctness“ – was ist das? Vermutlich kennen Sie diesen Begriff noch nicht, der bisher so auch nicht existierte. „Evangelikale-Correctness“ (dt. Evangelikale-Korrektheit, kurz E.C.) ist von der Bedeutung her an den Begriff der *„Political-Correctness“* (kurz P.C.) angelehnt. Die P.C. ist eine vom Zeitgeist durchdrungene Denkweise. Sie wird von humanistischen und sozialistischen Elementen geprägt sowie von der „neuen Toleranz“ (mit ihrer Auflösung der Wahrheit). Die P.C. lehnt jeden Absolutheitsanspruch und jede Abgrenzung ab, da niemand aufgrund seiner Meinung und Neigung „diskriminiert“ werden darf. Jeder der sich abgrenzt, einen festen Standpunkt vertritt oder in der Wahrheitsfrage einen Massstab als absolut setzt, wird dagegen als gefährlicher „Fanatiker“, „Extremist“ oder „Fundamentalist“ ausgegrenzt.

Mit der *„Evangelikalen-Correctness“* soll nun eine Entwicklung verdeutlicht und erfasst werden, die innerhalb des Evangelikalismus mit starker Dynamik um sich greift und inzwischen einen breiten Einfluss ausübt. Ausdrücklich möchte ich anmerken, dass sich innerhalb der E.C. viele Glaubensgeschwister befinden, die voller Hingabe dem Herrn Jesus dienen und in vorbildlicher Weise ein brennendes Herz für verlorene Menschen haben. Dies ändert aber nichts daran, dass wir den Auswirkungen der E.C. kritisch ins Auge sehen und vor ihren Folgen warnen müssen.

Evangelikale-Correctness und die Einheitsfrage

Die E. C. ist von einem starken Streben nach (organisatorischer) Einheit gekennzeichnet. Nun ist die geistliche Einheit nach der Heiligen Schrift von wichtiger Bedeutung für den Leib Christi (Eph. 4, 3). Leider hat es unter bibeltreuen Christen in Vergangenheit und Gegenwart auch sehr viele Trennungen und Spaltungen gegeben, die nicht im biblischen Sinn waren.

Jedoch wirft das Einheitsstreben der E.C. grosse Fragen auf. Als Belegstelle wird dafür meistens Joh. 17, 21 genannt: „... damit sie alle eins seien, wie du, Vater in mir und ich in dir, dass auch sie in uns eins seien, damit die Welt glaube, dass du mich gesandt hast“. Einheit wird somit als unbedingtes Gebot unseres Herrn Jesus angesehen und als Voraussetzung für einen grossen erwecklichen Aufbruch. Dabei wird aber übersehen, dass Erweckungen in der Vergangenheit in aller Regel nicht aufgrund einer organisierten Einheit unter christlichen Denominationen zustande kamen, sondern oft unter einer kritischen Beobachtung und Ausgrenzung derselben aufbrachen, wie die Beispiele von G. Whitefield und C. H. Spurgeon zeigen. Ferner werden drei biblische Fakten dabei ausser acht gelassen, die ich hier nur kurz erwähnen kann:

1. Als Grundlage der geistlichen Einheit betet der Herr Jesus in Joh 17, 17: „Heilige sie durch die Wahrheit! Dein Wort ist die Wahrheit.“ Die geistliche

Einheit ist immer eine Einheit in und unter der biblischen Wahrheit.

2. Die geistliche Einheit der Gläubigen ist nicht irgendeine Einheit, sondern entspricht dem „Eins sein“ zwischen Vater und Sohn (V. 21).

3. Das „Eins sein“ und der „Glauben der Welt“ hat auch einen zukünftigen heilsgeschichtlichen Aspekt.

Im Unterschied zur biblischen Einheit in der Wahrheit steht das Einheitsverständnis der E.C. unter zwei äusserst fragwürdigen Leitsätzen: „Lehre trennt, die Liebe eint“ und „Einheit in versöhnter Verschiedenheit“. Das breite Fundament biblisch-evangelikaler Glaubensüberzeugungen aus der Vergangenheit schmilzt dabei immer mehr zu einem dünnen Drahtseil von sogenannten Grundwahrheiten zusammen, auf dem sich Charismatiker, Evangelikale, Katholiken und andere zu einem gefährlichen und verhängnisvollen Seiltanz treffen.

Somit bleibt festzuhalten, dass zwischen der biblisch-geistlichen Einheit des Leibes Christi und dem Bestreben der E.C. eine immer deutlichere und unüberbrückbare Diskrepanz besteht. An diesem alarmierenden Sachverhalt können auch alle gutgemeinten und missionarischen Absichten der E.C. nichts ändern.

Evangelikale-Correctness und die Erkenntnisfrage

Trotz des breiten Fundamentes biblischer Glaubensüberzeugungen gab es in der Vergangenheit auch unter den Evangelikalen Unterschiede in biblischen Erkenntnisfragen (1. Kor. 13, 8; z.B. Erwählung, Unverlierbarkeit des Heils, Taufe, Zeitpunkt der Entrückung etc.). Durch die E.C. werden aber die Erkenntnisfragen zu einem „Gummibegriff" umdefiniert, welcher unter dem Zeichen der „Liebe", „Einheit" und „gemeinsamen Evangelisation" fast beliebig dehnbar ist.

So werden auch Lehrmeinungen, die in der Vergangenheit als unbiblische Lehren, Schwärmerei oder Irrlehren abgelehnt wurden, unter den Gummibegriff der Erkenntnisfragen gepackt und damit verharmlost bzw. „salonfähig" gemacht. In diesem Zusammenhang finden als „Erkenntnisfragen" zunehmend auch Ansichten und Auslegungen (z.B. „die Stellung der Frau in der Gemeinde" nach den neutestamentlichen Briefen) einen immer grösseren Einfluss unter den Evangelikalen, die der historisch-kritischen Bibelauslegung entspringen. Wer es wagt, diesen sogenannten Erkenntnisfragen aus Liebe zu Christus und seinem Wort die biblische Wahrheit absolut und wörtlich gegenüberzustellen, was auch eine klare Abgrenzung gegenüber bestimmten Bewegungen und Lehren zur Folge hat, wird schnell als „Spalter" oder „Besserwisser" abgestempelt und ausgegrenzt. Er macht sich nach dem Verständnis der E.C. an der „Einheit des Leibes Christi" schuldig.

Evangelikale-Correctness und die Bibelfrage

Der Umgang mit sogenannten Erkenntnisfragen ist untrennbar mit der Bibelfrage verbunden. Der Evangelikalismus war erfreulicherweise in der Vergangenheit doch hauptsächlich durch den bibeltreuen Fundamentalismus geprägt, der sich zur Verbalinspiration, Irrtumslosigkeit und Widerspruchslosigkeit der Heiligen Schrift bekannte. Innerhalb des Evangelikalismus gab es auch Vertreter einer „gemässigten Bibelkritik“ (z.B. Deuterojesaja, Quellenscheidung etc.). Jedoch standen diese Ansichten im Hintergrund und übten auf das eigentliche Anliegen des Evangelikalismus keinen prägenden Einfluss aus.

Inzwischen ist es aber durch die E.C. zu einer Umkehrung gekommen. Verschiedene Elemente der bibelkritischen Schriftauslegung gewinnen zunehmend an Bedeutung, was offensichtlich zu einer inhaltlichen Neuorientierung (z.B. Neuorientierung zur „Stellung der Frau in der Gemeinde“ innerhalb verschiedenster evangelikaler Denominationen und Werke) durch die E.C. führt. Standfeste Vertreter des bibeltreuen Fundamentalismus werden dagegen als „gesetzlich“, „buchstaben- statt geistesgebunden“ und als Verfechter eines „papierenen Papstes“ in eine Ecke gedrängt. Damit hat die E C. durch ihre Stellung in der Schriftfrage zu einer völligen Neuausrichtung des Evangelikalismus geführt.

In diesem Zusammenhang sei angefügt, dass der Absolutheitsanspruch der Heiligen Schrift Schaden nimmt, da das Denken der E.C. in einem zunehmenden Mass von soziologischen, psychologischen, management- und marketingbedingten Einflüssen geprägt wird. Dazu kommt tendenziös ein erlebnisorientiertes und gefühlsbetontes Christsein, welches die gesunde biblische Lehre und die Bedeutung des Kreuzes Christi in den Hintergrund drängt. So steht auch nicht mehr der Heilige Gott und das Heilswerk Christi im Mittelpunkt der Botschaft, sondern mehr und mehr der Mensch mit seinen Ansprüchen und Bedürfnissen.

Evangelikale-Correctness und die neue Terminologie

Der Begriff „Bibeltreue“ hat durch die E.C. eine inhaltliche Umdeutung erfahren. Während dieser Begriff in der Vergangenheit vom biblischen Fundamentalismus als Abgrenzung zu jeglicher Bibelkritik besetzt war, nehmen inzwischen auch die „gemässigten Vertreter“ der historisch-kritischen Schriftauslegung „Bibeltreue“ für sich in Anspruch. Diese inhaltliche Uminterpretation bekannter Begriffe macht es u.a. für viele so schwer, den verhängnisvollen Einfluss der E.C. zu erkennen.

Während die biblische Sprache sich durch die E.C. auf dem Rückzug befindet, werden zunehmend neue Begriffe (oft aus der Psychologie, z.B. „positiv – negativ“ statt „Licht – Finsternis“, „Fehler“ statt „Sünde“ etc.) verwendet, um geistliche Sachverhalte zu beschreiben. Durch diese neue Begrifflichkeit erfahren biblisch-geistliche Sachverhalte eine schleichende Umdeutung. Bibeltreue im urspünglichen Sinn werden durch die E.C. oft mit einer abwertenden Begriffspalette überzogen (z.B. gesetzlich, lieblos, selbstgerecht, Schwarz-Weiss-Maler, Polarisierer, Sektierer, Extremist etc.). Die Anwendung dieser „Begriffskeule“ geschieht meistens, ohne das Anliegen der Betreffenden gründlich zu prüfen.

In diesem Zusammenhang sieht sich die E.C. häufig als die „ausgewogene“ und „differenzierende Mitte“ mit einem „gesunden Verständnis“, während der Rest des Spektrums in „links aussen“ oder „rechts aussen“ eingeteilt wird, wobei „links“ bedenklich sein mag, aber nicht so gefährlich und noch ertragbarer als „rechts“ ist. Diese Einteilung wird wohl weniger von biblischen Kriterien bestimmt als vielmehr vom Selbstverständnis der E.C. und dem mehrheitlichen Trend unter den Evangelikalen.

Evangelikale-Correctness und ihre Folgen

Ein Meilenstein für die E.C. dürfte der Kurswechsel der Deutschen Evangelischen Allianz (DEA) gegenüber der pfingstlich-charismatischen Bewegung gewesen sein. Ein prägender und verändernder Einfluss geht in diesem Sinn auch von Bewegungen wie „Pro Christ“ und „Willow Creek“ aus. Innerhalb der genannten Bewegungen gibt es viele Geschwister, die ihrem Herrn in Treue und Hingabe dienen. Deshalb muss aber trotzdem auf gefährliche Tendenzen bei diesen Bewegungen (z.B. bezüglich umstrittener Methoden und Ökumene) hingewiesen werden. Als „bahnbrechender Vordenker" und „Katalysator" für diese Trends kann das Magazin „Aufatmen" (Bundes-Verlag, Witten) angesehen werden.

An vielen Stellen drückt die E.C. dem Evangelikalismus inzwischen ihren Stempel auf und entwickelt eine Sogwirkung, die quer durch den landeskirchlichen und freikirchlichen Bereich ihre Anziehungskraft entfaltet. Ihr Einfluss und ihre Medienpräsenz wird sich wohl noch deutlich verstärken. Innerhalb dieser Bewegung ist aber kein Platz mehr für die, welche durch ihre persönliche Gewissensbindung an Gottes Wort grundlegende Zweifel gegenüber der E.C. haben oder biblische Standpunkte nicht aufgeben können, deren Relativierung verlangt wird.

So hat ein stiller Exodus unter den Evangelikalen begonnen, der im deutschsprachigen Raum inzwischen schon hunderte, vermutlich tausende von Glaubensgeschwistern umfasst. Diese Gläubigen beginnen sich hin und her in den Häusern und in nicht denominationell und organisatorisch erfassten Gemeinden zu sammeln.

Durch die E.C. steht der deutschsprachige Evangelikalismus am Scheideweg. Eine Bewegung, die in ihrem Streben nach Einheit und unter der Vorgabe gemeinsamer Evangelisation dem verhängnisvollen Irrtum verfiel, biblische Positionen zu relativieren oder zu räumen, wird möglicherweise im Rückblick als einer der grössten Spaltpilze unter den Evangelikalen in die Geschichte eingehen. Auf der anderen Seite werden zwischen gleichgesinnten bibeltreuen Glaubensgeschwistern „Herzensallianzen“ wachsen, die alle bisherigen denominationellen und organisatorischen Grenzen überbrücken. Die Anzeichen dafür sind unübersehbar geworden.

Johannes Pflaum

Chicago-Erklärung zur biblischen Irrtumslosigkeit

Artikel I:
Wir bejahen, daß die Heilige Schrift als autoritatives Wort Gottes aufzunehmen ist.
Wir verwerfen die Ansicht, daß die Schrift ihre Autorität von der Kirche, der Tradition oder irgendeiner anderen menschlichen Quelle empfinge.

Artikel II:
Wir bejahen, daß die Schrift die höchste, schriftliche Norm ist, durch welche Gott das Gewissen bindet, und daß die Autorität der Kirche der Autorität der Schrift untergeordnet ist.
Wir verwerfen die Ansicht, daß kirchliche Bekenntnisse, Synoden oder Deklarationen eine die Autorität der Bibel übertreffende oder ihr gleichkommende Autorität hätten.

Artikel III:
Wir bejahen, daß die Bibel als geschriebenes Wort in ihrer Ganzheit die von Gott gegebene Offenbarung ist.
Wir verwerfen die Ansicht, daß die Bibel lediglich ein Zeugnis der Offenbarung sei, oder nur in der Begegnung Offenbarung würde, oder im Blick auf ihre Gültigkeit von menschlicher Aufnahme abhinge.

Artikel IV:
Wir bejahen, daß Gott, der den Menschen nach seinem Bilde schuf, die Sprache als Mittel der Offenbarung gebraucht hat.
Wir verwerfen die Ansicht, daß die menschliche Sprache durch unsere Kreatürlichkeit so beschränkt sei, daß sie nicht mehr als Träger göttlicher Offenbarung genüge. Wir verwerfen weiter die Ansicht, daß die Verderbtheit der menschlichen Kultur und Sprache durch die Sünde Gottes Werk der Inspiration vereitelt habe.

Artikel V:
Wir bejahen, daß Gottes Offenbarung in der Heiligen Schrift progressiv war (progressiv = sich in der Heilsgeschichte entfaltend; L. G.).
Wir verwerfen die Ansicht, daß spätere Offenbarung, welche frühere Offenbarung erfüllen kann, diese jemals korrigiere oder ihr widerspräche. Wir verwerfen ferner die Ansicht, daß seit dem Abschluß des neutestamentlichen Kanons je normative Offenbarung gegeben worden wäre.

Artikel VI:
Wir bekennen, daß die Schrift als Ganzes und in allen ihren Teilen, bis hin zu den einzelnen Wörtern der Originalschriften, von Gott inspiriert wurde.
Wir verwerfen die Ansicht, daß die Inspiration der Schrift mit Recht auf ihr Ganzes, nicht aber auf ihre Teile, oder auf einige Teile, nicht aber auf ihr Ganzes, bezogen werden könne.

Artikel VII:
Wir bejahen, daß die Inspiration das Werk Gottes war, in dem er uns über seinen Geist, durch menschliche Schreiber, sein Wort gab. Die Schrift ist göttlichen Ursprungs. Der Modus der göttlichen Inspiration bleibt für uns größtenteils ein Geheimnis.
Wir verwerfen die Ansicht, daß die Inspiration auf menschliche Einsicht oder auf gehobene Bewußtseinszustände irgendwelcher Art reduziert werden könne.

Artikel VIII:
Wir bejahen, daß Gott in seinem Werk der Inspiration die einzelnen Persönlichkeiten und literarischen Ausdrucksweisen der Schreiber, die er erwählt und zubereitet hatte, verwandte.
Wir verwerfen die Ansicht, daß Gott, indem er diese Schreiber gerade die Wörter gebrauchen ließ, die er haben wollte, dabei ihre Persönlichkeiten ausgeschaltet habe.

Artikel IX:
Wir bejahen, daß die Inspiration, auch wenn sie nicht Allwissenheit verlieh, im Blick auf alles, was die biblischen Autoren auf Veranlassung Gottes sprachen und schrieben, wahre und zuverlässige Aussagen garantierte.
Wir verwerfen die Ansicht, daß die Endlichkeit oder die Gefallenheit dieser Schreiber, notwendigerweise oder sonstwie, Gottes Wort verzerrt oder verfälscht habe.

Artikel X:
Wir bejahen, daß sich die Inspiration, streng genommen, nur auf den autographischen Text der Schrift bezieht, der nach der Vorsehung Gottes anhand der heute verfügbaren Manuskripte mit großer Genauigkeit ermittelt werden kann. Wir bejahen weiter, daß Abschriften und Übersetzungen der Schrift insofern Wort Gottes sind, als sie das Original getreu wiedergeben.
Wir verwerfen die Ansicht, daß irgendein wesentlicher Bestandteil des christlichen Glaubens durch das Fehlen der Autographen beeinträchtigt würde. Wir verwerfen weiter die Ansicht, daß dieses Fehlen die Verteidigung der Irrtumslosigkeit der Bibel wertlos oder irrelevant mache.

Artikel XI:
Wir bejahen, daß die Schrift, durch göttliche Inspiration gegeben, unfehlbar ist; sie leitet uns also nicht in die Irre, sondern ist im Blick auf alle Bereiche, zu denen sie spricht, wahr und zuverlässig.
Wir verwerfen die Ansicht, daß die Bibel unfehlbar sei und sich zugleich in ihren Aussagen irren könne. Unfehlbarkeit und Irrtumslosigkeit können zwar unterschieden, aber nicht getrennt werden.

Artikel XII:
Wir bejahen, daß die Schrift als Ganzes irrtumslos und ohne jede Unwahrheit, Fälschung oder Täuschung ist.
Wir verwerfen die Ansicht, daß die Unfehlbarkeit und Irrtumslosigkeit der Bibel auf geistliche, religiöse oder die Erlösung betreffende Themen be-

schränkt seien, sich aber nicht auf historische und naturwissenschaftliche Aussagen bezögen. Wir verwerfen ferner die Ansicht, daß Hypothesen der Wissenschaft im Blick auf die Erdgeschichte mit Recht verwandt werden könnten, um die biblische Lehre über Schöpfung und Flut umzustoßen.

Artikel XIII:
Wir bejahen, daß es angemessen ist, die Irrtumslosigkeit als theologischen Terminus in bezug auf die völlige Wahrhaftigkeit der Schrift zu gebrauchen.
Wir verwerfen die Ansicht, daß es angemessen sei, die Schrift nach Maßstäben von Wahrheit und Irrtum zu bewerten, die ihrem Gebrauch und ihrem Zweck fremd sind. Wir verwerfen ferner die Ansicht, daß die Irrtumslosigkeit von biblischen Phänomenen wie dem Fehlen modern-technischer Präzision, Unregelmäßigkeiten in der Grammatik oder der Orthographie, beobachtungsgemäßer Beschreibungen der Natur, Wiedergabe von Unwahrheiten, Verwendung von Übertreibungen und runden Zahlen, thematischer Anordnung des Stoffes, unterschiedlicher Auswahl des Materials in Parallelberichten oder der Verwendung von freien Zitaten annulliert würde.

Artikel XIV:
Wir bejahen die Einheit und innere Übereinstimmung der Heiligen Schrift.
Wir verwerfen die Ansicht, daß angebliche Fehler und Diskrepanzen, die noch nicht gelöst wurden, den Wahrheitsanspruch der Bibel hinfällig machten.

Artikel XV:
Wir bejahen, daß die Lehre von der Irrtumslosigkeit in der Lehre der Bibel über die Inspiration ihren Grund hat.
Wir verwerfen die Ansicht, daß man die Aussagen Jesu über die Schrift durch Berufung auf eine Anpassung oder auf irgendeine natürliche Begrenzung seiner Menschheit abtun könne.

Artikel XVI:
Wir bejahen, daß die Lehre von der Irrtumslosigkeit ein integraler Bestandteil des christlichen Glaubens in seiner ganzen Geschichte war.
Wir verwerfen die Ansicht, daß die Lehre von der Irrtumslosigkeit von einem scholastischen Protestantismus erfunden worden und als rückschrittliche Position aufzufassen wäre, die als Reaktion auf die Bibelkritik postuliert worden sei.

Artikel XVII:
Wir bejahen, daß der Heilige Geist von der Schrift Zeugnis ablegt und die Gläubigen in bezug auf die Wahrhaftigkeit des geschriebenen Wortes Gottes vergewissert.
Wir verwerfen die Ansicht, daß dieses Zeugnis des Heiligen Geistes von der Schrift getrennt oder gegen diese wirke.

Artikel XVIII:
Wir bejahen, daß der Text der Heiligen Schrift durch eine grammatisch-historische Exegese auszulegen ist, die ihre literarischen Formen und Mittel in

Rechnung stellt, und daß die Schrift sich selbst auslegt.
Wir verwerfen als illegitim jede Behandlung des Textes und jede Suche nach hinter dem Text liegenden Quellen, die zu einer Relativierung, Entgeschichtlichung oder Verwerfung seiner Lehren, oder zur Ablehnung seines Anspruchs auf Autorität führen.

Artikel XIX:
Wir bejahen, daß ein Bekenntnis zur völligen Autorität, Unfehlbarkeit und Irrtumslosigkeit der Schrift für ein gesundes Verständnis des ganzen christlichen Glaubens von lebenswichtiger Bedeutung ist. Wir bejahen weiter, daß ein solches Bekenntnis dazu führen sollte, daß wir dem Ebenbild Jesu Christi immer ähnlicher werden.
Wir verwerfen die Ansicht, daß ein solches Bekenntnis für die Erlösung notwendig sei. Wir verwerfen jedoch auch die Ansicht, daß die Irrtumslosigkeit der Heiligen Schrift ohne ernste Konsequenzen für den einzelnen wie für die Gemeinde abgelehnt werden könne.

Weitere Bücher von Dr. Lothar Gassmann

1984: **Gruppendynamik,** Hänssler, 138 Seiten

1985: **Abtreiben?** Fragen und Entscheidungshilfen, Christiana, 111 Seiten. – **Ist Jesus auferstanden?**, Schriftenmission, 43 Seiten – **Die Grünen – eine Alternative?** Kritische Überlegungen, Hänssler, 140 S.

1986: **Gefahr für die Seele** (Hg.), Hänssler, 197 S. – **Abbruch.** Schwangerschaftsabbruch – nicht nur das Baby stirbt dabei, Hänssler, 58 S.

1987: **Öko.** Auf der Suche nach der heilen Welt. Erfahrungen eines Umweltschützers, Hänssler, 59 S. (2. Auflage 94 S.). – **Mit Jesus über Brücken geh`n.** Antwort auf Glaubensfragen, VLM, 80 S. – **New Age.** Kommt die Welteinheitsreligion?, VLM, 119 S. (2. Aufl. 144 S.; 3. Aufl. 164 S.).

1989: **Ein Konzil für den Frieden?** (Hg.), Schulte u. Gerth, 188 S. – **Frieden in Gerechtigkeit durch Welteinheit?**, VLM, 96 S.

1990: **Okkultismus, östliche Religionen und die New-Age-Bewegung**, VLM, 70 S.

1991: **Fühlen statt zu denken.** Geheime Gehirnwäsche, Stephanus, 142 S. – **Freude.** Das andere Liederbuch, VLM, 140 S. – **Die Zukunft findet doch statt.** Die Krisen der Welt und die Zeichen der Zeit, VLM, 104 S.

1993: **Das anthroposophische Bibelverständnis.** Eine kritische Untersuchung, Brockhaus (Diss.), 267 Seiten – **Was nun, Herr Drewermann?** Anfragen an die tiefenpsychologische Bibelauslegung, VLM, 104 S.

1994: **Grün war die Hoffnung.** Geschichte u. Kritik der grünen Bewegung, Stephanus, 237 S. – **Rudolf Steiner und die Anthroposophie.** Erkenntnisweg in den Abgrund, Schwengeler, 200 S. – **Leben oder gelebt werden?**, Herold, 138 S.

__1995:__ **Evangelische Kirche – wohin?** Ein Ruf zur Besinnung und Umkehr, Stephanus, 166 S. – **Karl Barth.** Das Verhängnis der Dialektik, Schwengeler, 87 S.

__1996:__ **Zeugen Jehovas.** Geschichte, Lehre, Beurteilung, Hänssler, 344 S. – **Der Traum von der einen Welt**, VLM, 96 S.

__1997:__ **Ruf zur Umkehr.** Neue 95 Thesen u. die Folgen (Red.), Stephanus, 208 S. – **Auf Jesu Spuren im Heiligen Land.** Stationen des Weges Jesu in Wort u. Bild, VLM, 47 S.

__1998:__ Wie können wir **Zeitströmungen** begegnen?, 38 S. – Was sind **Sekten** – und was nicht? 45 S. – Was ist **Gemeinde** in biblischer Sicht? 42 S. – Was kennzeichnet die **Katholische Kirche**? 57 S. – Was braucht die **Evangelische Kirche**? 71 S. – Wer ist der **Mensch**? 39 S. – Was ist **Anthroposophie**? 55 S. – Was ist **Positives Denken**? 43 S. – Was bewirkt **Gruppendynamik**? 42 S. – Was will **Eugen Drewermann**? 59 S. – Was wollen die **Grünen**? 31 S. – Was ist die **Neue Weltordnung**? 26 S. (alle: Logos).

__1999:__ **Wendezeit 2.000?** Eine Analyse des New Age. 49 S. – **Christsein** in antichristlicher Zeit. 51 S. – **Selbstverwirklichung.** Das Zauberwort in Psychologie in Seelsorge. 59 S. – **Tiergottesdienste.** Umweltschutz oder Schöpfungsverantwortung? 59 S. – **Auferstehung.** Das zentrale Ereignis. 37 S. – **Kampf um die Wahrheit**, 57 S. – **Reinkarnation und Karma.** Gibt es viele Erdenleben? 50 S. – **Gerechtigkeit, Frieden und Bewahrung der Schöpfung**, 37 S. (alle: Logos) – **Zukunft. Zeit-Zeichen.** Aufruf zur Wachsamkeit, VLM, 103 S.

__2000:__ **Kirche 2000.** Gemeinsame Erklärung, Ablaß, 95 und 96 Thesen (Hg.), 62 S. – **Globalisierung und Antichrist.** Gemeinde Jesu im 3. Jahrtausend, 60 S. (beide: Verlag für Reformatorische Erneuerung) – **Religionsvermischung und Absolutheit Jesu Christi**, ca. 50 S. – **Kritik der Bibelkritik.** Bultmanns Einfluß und seine Widerlegung, ca. 80 S. (beide: Logos).

__Weitere Infos:__ **http://home.t-online.de/home/logass/gassmann.htm**